生活 話𥃭
06

我們在
馬來西亞
當志工

SAYA CINTA MALAYSIA

台灣大學生走入多元文化、
看見自己的服務旅程

王麗蘭——著

這本書獻給勇敢踏出舒適圈的學生志工，以及在馬來西亞遇到的所有人。

國際各界人士好評

這是一位有著人類學雙眼的教育者。透過兩個家鄉的相互照見，馬來西亞不再是所以為的馬來西亞，而是那歷史層疊間，艱韌磨合、滿溢香料滋味的、各個真實生命的痕跡。

——江明親　國立臺北藝術大學傳統藝術研究中心主任

台灣大學生志工服務團先後參訪馬來西亞三個城鎮，以另一個視角觀察，以學術專業參與在地社區，為馬台讀者再現務邊、實兆遠及十八丁的歷史掌故、風土人情、多元文化特色、華人社會的生活面貌，還有馬台合作的情誼。

——陳亞才　馬來西亞元生基金會執行長

過去我們對東南亞的認識所知甚少，而這一本書讓我們重新認識東南亞文化，也讓我們進一步去思考每一個人的角色和責任。

——劉嵩　金鐘獎紀錄片導演

他們在馬來西亞做的事情，有深刻的文化理解、尊重與學習。讓我們帶著好奇、放下偏見，隨著麗蘭及學生的眼與心，走訪這個文化豐盈的國度。

——賴素燕　金鐘獎主持人

常常看到有人跑去泰寮柬當志工，我第一次看到有人去馬來西亞。原來馬來西亞和我想的不一樣。

——藍白拖　背包旅人

我們在
馬來西亞
當志工

SAYA CINTA MALAYSIA

推薦序一

體會馬來西亞特殊的文化，從中領悟自我的潛能

洪慧珠　駐馬來西亞臺北經濟文化辦事處大使

我覺得非常欣慰和高興，看到這一本關於台灣學生到馬來西亞偏鄉地區做志工服務的書順利出版。這一本書描述了台灣學生在服務的過程中，如何體會馬來西亞特殊的文化，也在過程中領悟自我的潛能。從他們服務的經歷，更看到了這群學生投入「國民外交」的熱情。

自從去年夏天奉派到馬來西亞服務以來，我經常感受到大馬朋友的盛情和溫暖。街頭的各種族文化及具有特色的建築、美食、地景等等，都讓我深刻體會到馬來西亞的獨特之處。台灣和馬來西亞的關係十分深厚，在文化、藝術、教育、經貿及觀光等領域的交流非常地頻繁，多年來雙方一直維持密切及友好的關係，尤其馬來西亞學生到台灣留學數量是東南亞國家之冠，成為推展台馬關係的最佳助力與橋梁。

我衷心祝福王麗蘭老師的這本好書為台灣和馬來西亞開啟雙方更多互動，也期許雙方未來有更多元的交流，兩國的人民藉由國際志工服務、旅遊、實習及工作等方式，深化對彼此的認識，並互相學習，從而強化雙邊關係。

推薦序二

生命中的出走，看見世界和自己

賴樹盛　Glocal Action 全球在地行動公益協會祕書長

是否你也曾這麼認為，國際志工前往海外地區服務，只能是教語文和電腦、粉刷校園牆壁，或舉辦團康夏令營呢？

當然不是如此，在泰緬邊境及海外服務十幾年裡，我便曾經遇過世界各地的朋友，擔任生態保育、產業行銷、公民媒體、技藝創新等領域志工，他們投入自己的熱情和專長，譜寫出無數動人的故事。

這本書裡的清華大學生，經扎實培訓後成為文史調查志工，數年來在馬來西亞小鎮漁村裡「接力、蹲點」，不僅透過田野訪談和文史紀錄服務形式，更重新看見了世界和自己，這在台灣國際志工浪潮裡，仍屬不太多見的難能可貴。

務邊小鎮、實兆遠農村、十八丁漁港，一個個連馬來西亞人都不太認識的地方，卻透過了國際志工的服務參與，讓一群台灣青年親身認識了那裡，為當地傳承保存社區記憶，並扎扎實實拓展了自身的人生視野。

回想起我在大學時期，厚著臉皮到處當志工，參與了台灣的社區營造，出自對真實世界的好奇，因緣際會成為國際志工，從事國際援助發展工作至今，而我始終明白一切皆受益於社區人們教會我的事。

閱讀書冊時，我不禁羨慕起這群青年學子，幸運擁有作者王麗蘭老師的真摯引領，能帶著青春「到一個陌生的地方，過一種陌生的生活」。

這是一本兼具歷史、文學與志工服務的好書，從後殖民社會、大馬華人的背景，到多元族裔文化的交融，不僅讓讀者從閱讀中收穫許多，更隨著青年志工的腳步，一起體會著文化衝擊和調適學習。

海外服務，是一種年輕人鍛鍊自我的過程。

麗蘭老師書裡提及，國際志工不只是專注於眼前服務計畫，最根本的是學習「好好地做人」；我自身同樣有著深刻體會，作為一個外來服務者，要能與碰到的每個人真誠互動，所看見的每件事仔細觀察，以及將遭遇的每個衝擊好好地省思。

書裡生動刻畫又令人敬佩的主角，如萬友館長、潔姐廚娘、童玩伯伯……這些「安哥」與「安娣」，即使在無比艱難的環境下，仍秉持著移民世代特有的樂天與韌性，將族群文化傳遞給自身下一代，或致力改變生存環境的困境。相信無論是讀者或志工，都能被那份生命力所感染。

數年來，清華大學志工以「社區營造」與「文史保存」的形式，為務邊文物館攝製了中英導覽影片，為傳承百年福清餅製作留下了紀錄，為阿公級友誼樂團紀錄最後演出，甚至是乘船破浪出海、進入炙熱炭窯，紀錄了漁人與炭工的勞動身影，一次次的生命影響了生命。

藉由志工服務旅程，彷彿換上一副新眼鏡，將抽象又遙遠的「名詞」，變成切身體會的「動詞」，看見了世界的多樣貌，也看見了家鄉的另一面，更讓自己開始變得更不一樣了。

起初以為是去那裡幫助人，結果發現被鼓舞及被啟發最多的還是自己。

「首次參加廟會的遊行，竟然不是在自己的家鄉——台灣，而是在馬來西亞的小漁村，這樣的文化衝擊一直讓我記在心底……我暗想，這次回到到台灣，一定要找一個廟會去參加。」一位參加印度神與三太子共同遊街的志工感觸著。

另位志工名勛寫著自己的省思說：「當我閱讀臉書上環保的新聞……我看過卻彷彿未曾正視過，直到我來到馬來西亞的十八丁親身體會，我才真正意識到環境變遷正影響著人的生活。」

海外服務最迷人之處，能夠用自己的雙眼去觀看，用自己的雙手去碰觸，用心去體會和思索。無論是在台灣的移工、新住民及留學生，皆帶給我們無比珍貴的禮物，豐富了文化底蘊，走向東南亞他們的家鄉，你將會驚嘆自己出走的太晚。

讓自己有個機會，走出島國、走出舒適圈，以及自我設限或被設限的框架，走進當地人的真實生活裡，與當地成為夥伴一起完成任務；這段對等而真誠的交流，將會在彼此生命裡成為養分。

在全球化及跨境移動的推波助瀾，我們生活在這一個「跨」的時代，帶著積極開放、保持彈性及尊重當地的態度，盡可能地吸收跨領域知識，學習跨族群理解，參與跨地區合作，將能培養自己具備「跨文化共事能力」，絕對受益一生。

作者麗蘭文筆流暢而細緻，處處充滿了人文關懷，以及源自家鄉的情感連結，即便書中不經意現身的山榴槤、椰奶、Kopi 店等，都有著令人無比驚豔的樂趣，有如一起走入大馬小鎮的時光隧道裡，體會常民生活裡歡喜甘苦，讓人闔上書頁仍意猶未盡。

誠摯推薦此書給想當國際志工，或曾出國服務、還有推動海外服務的人，讓我們永遠保持對這個世界的好奇心，參與公益行動服務，並把感動帶回台灣。

推薦序三

誰說「國際志工」不能「很本土」？

朱永祥　微客公益行動協會創辦人

我投入海外國際志工服務的領域超過十五年的時間，無論在每回的論壇研討會上，或是課堂演講中，又或是在網路文章裡，參與國際事務和本土在地服務的議題彷彿永遠是無法交錯的平行線，永遠在鐘擺的兩端彼此互相拉扯著各自的論述。其原因就是台灣被限制在一個島嶼型的區域，所以如果要出去，感受就會特別深刻，因為一趟飛機的起降，就代表著出國和返國，於是在這塊土地上生活的人們，漸漸地就被四面環繞的海洋困死在這個小島上。加上台灣社會對外部的資訊，幾乎靠著爆料公社上的錄影或照片、名嘴引導式的談話性節目，以及只有選舉主導的政治新聞影響，導致以為發生在這個島嶼的一切事物就是這個世界的全部。於是我們對「國際社會」的概念相對地也就非常薄弱，也正因為如此，強調「本土思維」的想法也會潛移默化地占據在這片土地上的每一件事情。

因此，當台灣近年來興起了一股風潮似的、也就是去海外當國際志工時，「國際志工」和「在地本土」的話題這兩者之間就產生了更大的相斥和衝突，像個無解的申論題，各自表述強調屬於自己立場的優勢和論點，試圖說服自己或旁人取得認同。

如今不用再感到困惑，因為在王麗蘭老師的這本書中，透過一篇篇彷彿只是在講述著馬來西亞一處處偏鄉發生的小故事，卻巧妙地讓一群來自台灣的國際志工真實落地在連馬來西亞人都不知道的地方和事情。無論是在務邊，或是在實兆遠，還是十八丁，無論是博物館，或是七條路，還是一點都不起眼的紅樹林。每一篇故事中都融合著一段國際志工如何成為在地服務當中最重要且不可或缺的一環。

社區改造過程的第一步便是「社區自覺」，也就是必須讓村子裡的人從幾十年甚至幾百年的生活習慣中，自發性地醒覺起來，如果沒有在認知或是意念上甦醒過來，即使外在給予再多的施力或協助，最後的結果還是會被打回原形，徒勞無功。只有當第一步邁出去之後，才能進入到第二步的「社區自決」，這時候就可以開始讓村子裡的人試著學習可以自己決定自己的命運。這段過程極其漫長，但唯有如此，這樣的社區改造才會帶來真正本質上的改變。

當我翻著這本書中每一篇故事時，我深深地被安哥彭、阿君姐、廖牧師、韋伯伯、阿倫……這群看起來就像平時在台灣街頭上會遇到的鄰居大嬸、菜市場裡討價還價的阿姨、電梯中帶著黑框眼鏡的阿伯般的平凡小市民，卻做著一件件令人感到振奮、不平凡的大事。漸漸地發現那個靠著旅遊書認識世界的時代已經過去了，因為那只不過是一場拾人牙慧的旅遊複製行為，這群來自台灣的國際志工更希望能透過自己的方式，走進旅遊書裡不會被記載的角落。在一個不起眼的路邊小攤子和才剛認識的陌生人並肩而坐，一起大快朵頤享受著當地人才會知道的巷弄美食，又或是和坐在院子外曬著冬天暖陽的老太太，用彼此都聽不懂的語言，比手畫腳的方式和她們聊天。在出發前他們研究的並不是旅遊路線、觀光景點或是美食餐廳，而是透過田野調查搜索當地曾經發生過的歷史成因、社會事件、經濟結構或是環保意識等等，他們用心地想要認識、體驗、理解這個預備要踏上的那塊土地，這是旅行者和成為國際志工最大的不同。

成為一名國際志工，正表示著當他走過一塊他所投入服務的土地時，無論是否能再次回來，他對那塊土地和人民是帶著責任的，不能讓那塊土地因為自己的行為，而影響了當地直接或間接可能造成的傷害與後續的服務工作。因此要成為一名國際志工，除了對自己負責之外，更需要對夥伴以及所屬的團體負責，更重要的是對那塊土地和服務對象有了責任及義務，因為我再也不是「自己一個人」，而是「我就是他們」。

目次

第二站 實兆遠

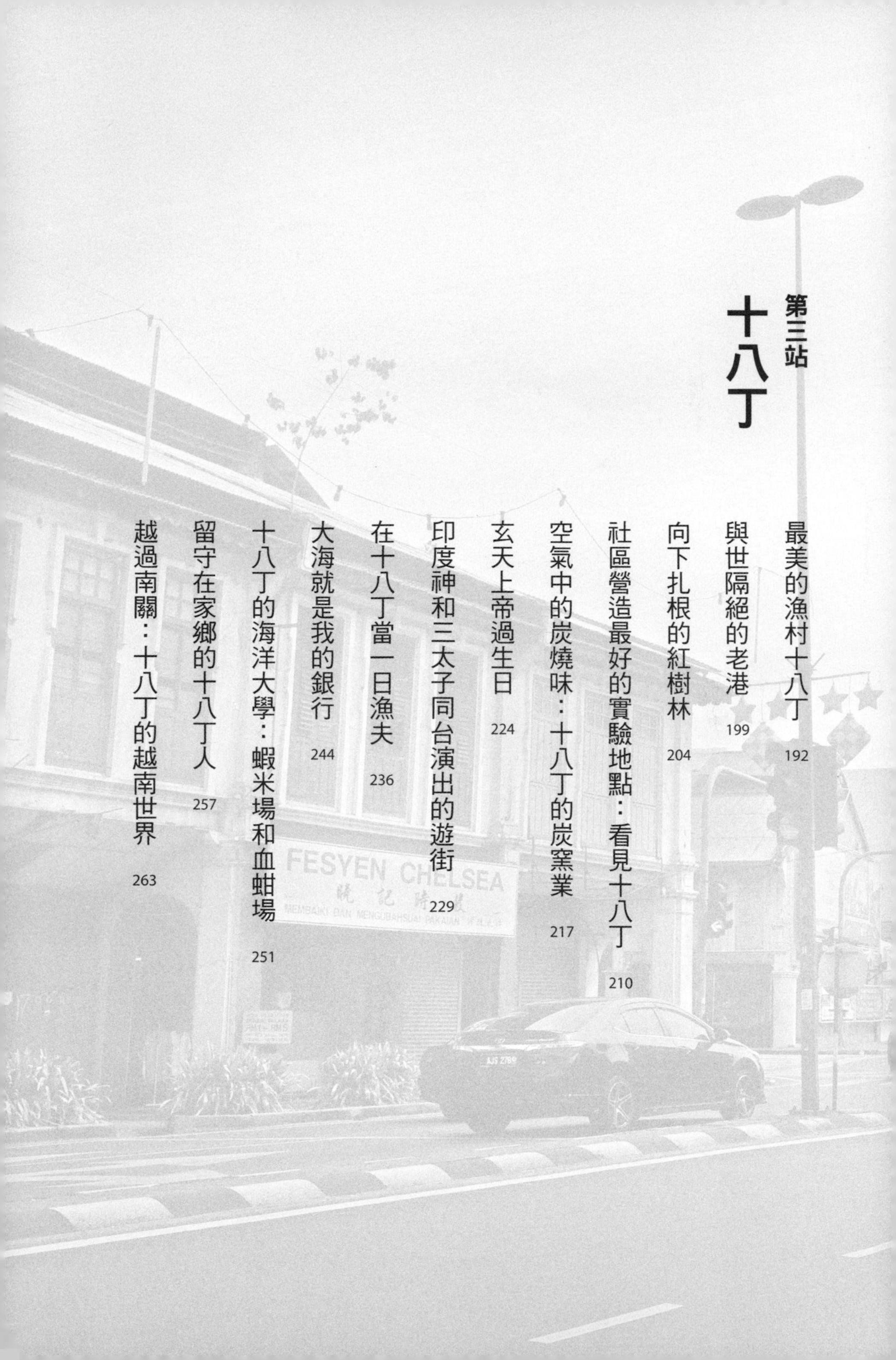

第三站
十八丁

作者序

我在十八歲那一年，來到台灣念大學，先是在當時的林口僑生大學先修班念一學年。那八、九個月，是我這一輩子最用功念書的時光。每天清晨五點起床、預習、上課、溫習，到半夜十二點才關燈睡覺。每天如此，日復一日，直到考完期末考的那一天。

我記得當時，剛來到台灣（其實也只有林口那幾條街），人生地不熟。每個星期五晚上是我們的「放風日」，來自世界各地、大部分是東南亞的「僑生」，都會從學校走到山下的林口大街去吃雞排、喝珍珠奶茶。僑大的生活距離現在已經過了差不多二十年，但是我還記得當時的一些小故事。

印象最深刻的一次，我們大夥兒一起去雞排攤買炸雞排：「老闆娘，雞排一份，加辣。」點完餐後大夥兒也就在旁邊聊天，待老闆娘把雞排從油鍋中撈起來，準備撒上辣椒粉，這時有同學再次提醒老闆娘說：「麻煩辣一點喔！」結果，老闆娘竟一邊用力撒辣椒粉，一邊低聲地用閩南語說：「辣、加辣、辣死你！」

其實，來自馬來西亞的我們都聽懂了。但是，我們當時初來乍到別人的土地，唯一的反應就是假裝聽不懂，趕快付了錢，像做錯事一樣，帶著熱騰騰、香噴噴的雞排，逃離現場。這些年來，我一直不曉得，老闆娘知不知道其實「我們」很多人都聽得懂閩南語？如果她知道我們聽得懂，她還會不會這麼說呢？

另一次，開學幾個月後，是冬天的林口，根據地理老師的說法，這裡是高台地，比台北要冷上二、三度。來自南洋熱帶國家的我們，對這樣的氣溫，自然是不習慣的。所以，冬天來杯熱熱的飲料，絕對能稍微紓解我們的課業壓力。我跟著印尼僑生到「泡沫紅茶店」想要點飲料。當時的印尼僑生，大部分中文能力還不太好，因為他們是來到台灣才開始學習中文的，不像馬來西亞的我們，大部分從小開始就學習中文。

「『饒』板，給我一杯『朱古力』『奈』茶。」光是這樣閱讀，想必已經造成些許的閱讀障礙感。我想，這也許是當時飲料店老闆的心情。「朱古力奶茶？」老闆略略提高了音量，然後說：「我們這裡沒有『朱古力』奶茶。」在一旁的我，只好幫腔：「老闆，他要點『巧克力奶茶』。」

這兩則小故事，一直埋在我心底的深處，樂於分享「異文化經驗」的我，也甚少提起。每每想起來，心裡總是酸酸澀澀的。好像喉嚨間一直卡著一根刺，但卻怎麼撈也撈不出來。

我一直想知道，為什麼會這樣？為什麼「我們」會被「他們」這麼說、被那樣看。

「是不是我們哪裡做錯了？」我的內心一直有這樣的擔心和憂慮，甚至，一直到現在，我「已經」在台灣生活超過十八年了，在生活上，面對台灣社會時，偶爾還是會戰戰兢兢、會緊張、會怕說錯話。擔心隨時又回到「加辣？辣死你！」和「朱古力奶茶」的窘境。

於是，面對台灣社會對移民或移工的一些「不合理、不公平」的政策或現況時，有時候情緒特別激動，有時候卻消極被動，呈現出極端兩種或多種不同的反應。不僅讓別人摸不著頭腦，其實自己也感覺迷惘。這一段心路歷程，幾乎是每一個移民者常見的心理狀態和感受。

在僑大「背多分」考試制度下的期末考後，我被分發到政治大學廣播電視系，大學期間雙主修歷史學系和輔系民族學系，廣泛地修讀各系學分，似乎是在彌補過去錯過的一些甚麼，但也疲於奔命，囫圇吞棗。慢慢發現自己一直在尋找的，竟是一份認同感。離開了故鄉，反而更想要了解自己成長的故鄉到底是怎麼一回事，因此決定繼續到民族學系念碩士班，撰寫了碩士論文《馬來西亞中學歷史教育中的國族建構》。透過這次的研究，我了解了馬來西亞史觀的建立，也填補了我腦袋、心裡的一些圖像。

跟很多留台生一樣，在台灣自由清新的空氣下，留台的歲月成了我們生命中最美好的時光。我們不約而同地把台灣視為第二故鄉。在二十七歲那一年，我跟台灣人結婚，從此台灣「真的」變成了我的第二故鄉，而我的身分也戲劇性地從「僑生」瞬間變成了「新住民」。當我決定「遠嫁」台灣的時候，我心裡就暗暗打定主意，我未來的工作一定不能是一般的工作。我的願望很簡單：「當我想要回家的時候，我可以立刻回家。」跟許許多多移民或移工比較起來，我的處境顯然是過度幸運和幸福的了。

設定了這項條件之後，我能夠選擇的工作也不多了。由於當時也正在修讀清華大學人類學研究所博士班，兼具博士研究生身分的我，就從學校開始尋找合適的工作。當時二〇一三年，我開始在政大教馬來語，隔年開始在台大教馬來語，也教印尼語。我的語言課，不只教語言，也教文化，期末考把學生帶到台北車站和印尼街去，讓學生直接開口和印尼移工朋友打招呼和簡單聊天，並在印尼餐廳點餐和享用美食。因為，我相信，唯有自己體驗過的經驗，才會永遠烙印在心裡。

除了在台灣進行文化和語言傳承工作，我也擔任清大馬來西亞國際志工團的指導老師和領隊，在暑假時帶領學生到馬來西亞偏鄉地區去服務。我們每一次出團，最少都是三十天，每一屆都招募新的學生志工，團隊人數大約維持在六到十二人之間。我們的服務內容是做當地的文化保存，主要是以田野調查、深度訪談、參與觀察的方式來取得內容或資料。而為求

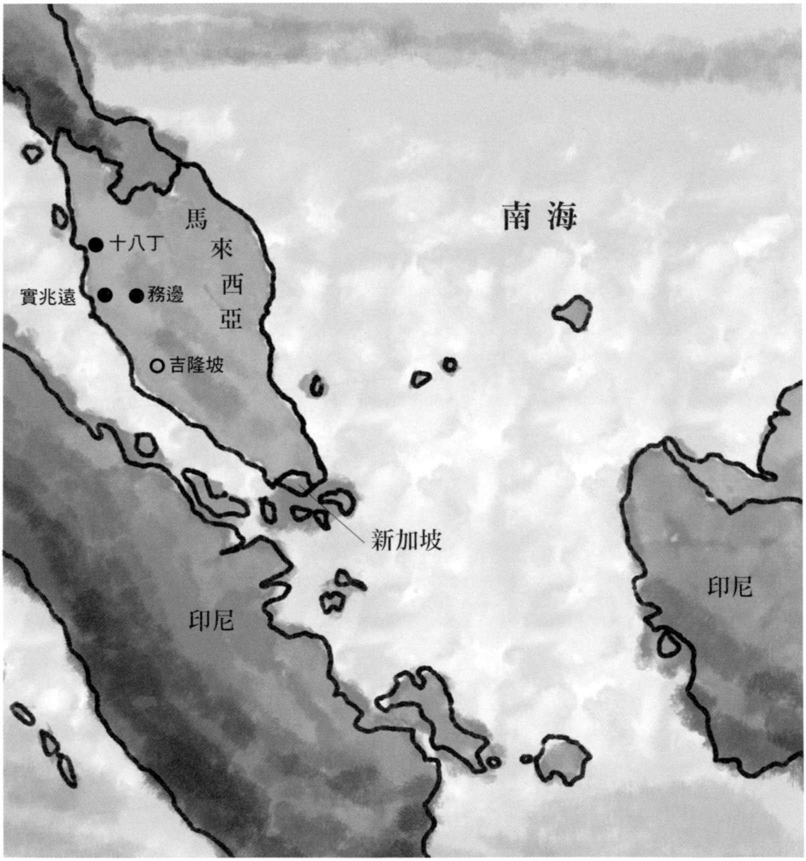
南海
馬來西亞
十八丁
實兆遠
務邊
吉隆坡
新加坡
印尼
印尼

完整，每一個地方，我們會執行連續兩到三年的計畫，希望是個有延續性、兼具深度和廣度的服務計畫。

因此，到目前為止，我們也「只」去了三個地點。這三個地方都有共同點，即都在馬來西亞半島西海岸的霹靂州（Perak）、和華人歷史和文化有關，但又不限於此。而不同的是，這三個地方的文化和歷史起源有很多不同點，例如務邊（Gopeng）是因錫礦而起，實兆遠（Sitiawan）是因中國南來的基督徒開墾而成，十八丁（Kuala Sepetang）漁村因錫礦的運輸、特殊地理環境而形成。

回顧這七年來的服務歷程，我從每一次的服務中，漸漸知道如何向地方和當地人討教，同時也向學生志工學習。這本書是我個人的觀察、心得感想、反思，以及一些照片，並結合歷屆學生志工所寫的文章和所拍攝的照片而成。在此，向每一位馬團的學生志工獻上這本書，感謝大家願意分享文章和照片。更要感謝的是，大家在大學或研究所期間，選擇了和馬來西亞度過一個暑假。除了清華大學的學生志工，還有曾經參與過的台灣大學、臺北科技大學的學生和政治大學傳播學院的紀錄片團隊（ＢＢ團隊），在此一併致謝。感謝你們在馬來西亞流過的汗水和眼淚。

從課堂裡的教學，到走出教室進入印尼街，乃至帶學生到馬來西亞去當志工，雖然表面上看起來是不一樣的事情，但對我來說，都是同一件事。我希望透過身體力行的方式，讓學生知道世界的另一面，也許是美好的、醜陋的、驚悚的、輕鬆的，無論是哪一種，我們都因為在年輕時經歷過，而不至於在未來害怕或恐懼，也有更寬廣的心胸來接納這個世界、了解自己、豐富人生。

國際志工，說到底可能就是讓每一個人的人生中，都經歷一次類似「辣椒粉加到辣死你」和「朱古力奶茶」的事件，並期待從中長出一些反思能力、一絲同理心或一顆溫柔的心。

對於我自己而言，帶學生志工到馬來西亞去，讓我找到了回家的路。

DILARANG
BERENANG

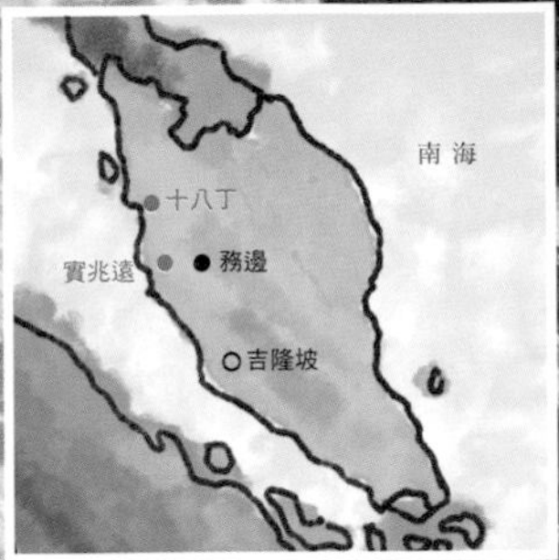

第一站／務邊

一個連馬來西亞人都不知道的地方

要不是被找去帶台灣大學生到馬來西亞當國際志工，我大概這輩子也不會知道這個地方。一般上，馬來西亞的地方名稱，是由馬來文翻譯中文而來，而我們第一年的服務地點是「務邊（Gopeng）」，身為土生土長的馬來西亞人，對這地名的第一印象，竟然是「完全沒印象」！

「有沒有覺得務邊的廣東發音就是『無辮』？」宏亮的聲音在小小的文物館空間內迴盪，彭西康先生幾乎每天都為各地來的訪客這樣介紹務邊。而我因為待在這裡整整一個月，已經聽過了好幾遍，連接下來的台詞都可以倒背如流了。

雖然沒有正式的考據，但是這樣的說法似乎很輕易就被採納：務邊的廣東發音與「無辮」一樣。據說是二十世紀初就在這裡當苦力的華人，聽說滿清被推翻了，當時的人紛紛跟風，把辮子給剪掉了。人們開始用「無辮」來稱呼這裡的人，久了就變成了現在的地名「務邊」。

「也太酷了吧！我早就把清末啊、民國初年啊、國共內戰啊那些歷史，在學測結束後，全部丟在學校的垃圾桶回收掉了，竟然在馬來西亞這個偏遠小地方，要我再聽一次？」在清大念材料系的柏翔驚呼！大夥兒亂笑成一團，我通常以「宅宅」來稱呼這些理工科的大學生，要他們來這裡當文化保存的志工，以田野調查為方法，記錄在地人的故事、文化和歷史，或許太為難他們了。而這種驚呼聲，在一個月的服務中幾乎沒斷過，我在一旁看著他們皺著眉頭，疑惑地聽著彭先生做的導覽，但卻也拿著筆記本，奮筆疾書地記著彭先生口中的務邊歷史，我想，或許這是理工人重溫人文歷史的契機吧？

務邊距離馬來西亞首都吉隆坡（Kuala Lumpur）大約是兩個半小時的車程，是馬來半島最早開發的城鎮之一。務邊和其他鄰近城鎮如巴都牙也（Batu Gajah）、金寶（Kampar）、怡保（Ipoh）等因為蘊藏豐富的錫礦，而成為霹靂州最早開挖和採礦的地方之一，因此也是最早發展的地方。從google地圖上可以看見，整個區塊綠色的地面，有著大大小小形狀不一的湖，從鳥瞰的角度來看，像是一塊印著藍色圖案的蠟染布。但這些湖，其實都是因為開採錫礦而留下來的人工湖。但也因為這樣，形成了霹靂州特殊的地景，有山有水，好愜意。

過去，在馬來半島的南北大道還沒建設以前，從吉隆坡北上到怡保、檳城等大城鎮，都必須經過一條州際公路，而這條州際公路途經大部分最早開發的小鎮，例如美羅（Bidor）、打巴（Tapah）等，整條州際公路，儼然是一條馬來半島的開發史。而務邊就夾在霹靂州中部的兩個著名城鎮——金寶和怡保——之間。但由於人們通常選擇直接從金寶「殺」到怡保，因此務邊注定成為一個只會「經過」的地名。

但，台灣的大學生志工不只是經過它，而是沿著州際公路，看到「Gopeng」的路標之後，右轉了進來。進到務邊小鎮之後，首先會看到兩排傳統華人小鎮的店屋（Shophouses），再往前進，就是務邊地標，一個小小的圓環，裡面立著一個石碑，上面標示著務邊的旅遊景點。

「以前那個圓圈的地方是『巴剎』。」彭先生扯著嗓子說著。「巴剎？」中文系的雅恬壓低著聲音問我什麼是「巴剎」。「就是菜市場的意思。」一個從馬來文 pasar 翻譯成中文的字，久而久之，就變成了當地華人的生活用語了。也因為有這些混雜著當地語言的字字句句，讓來自台灣的大學生志工才不時想起此刻身在馬來西亞的小鎮裡，不然一切都好像跟台灣一樣，這裡的人講中文、通台語、看台劇「世間情」、聊台灣立法委員打架的畫面……因為這個「巴剎」，原來，真的到了馬來西亞！

霹靂州務邊鎮。

務邊鎮的中心有一個小小的圓環，據說以前是巴剎。

務邊鎮旁的巨大的水管，是當地錫礦業的重要遺跡。

務邊鎮附近有許多廢礦湖，已打造成為另類的自然景觀。

三個臭皮匠，蓋了一間博物館

「我最感動的地方，就是聽到在務邊有一個老伯伯，因為自己的兒子不知道家鄉的歷史，於是投入時間和精力，打造一間博物館，希望家鄉的小孩未來都知道自己家鄉的歷史。」一個性害羞內斂的揚哲，說著他參加國際志工的初衷。「我希望來幫助他完成夢想！」一的確少見，在我過去的認知中，馬來西亞的博物館是公立的，怎麼會有民間博物館呢？我後來才了解，許多社區和地方人士默默地做了很多事，包括用自己的力量建立博物館或文物館。

真沒想到，一個小小的務邊，就有兩間民辦的博物館。而起源是一位旅美的企業家饒萬友，把小時候租的房屋買了下來，就在務邊大街上。他不想出租，也不想轉賣，就只是要完成媽媽的遺願。於是，空著一棟房子，看著可惜，有一天找來高中同學王坤祥一起喝酒聊天，才發現昔日的同窗竟然是古董收藏家，如此一拍即合！「我有一間空房子，而且還是按照以往的樣式裝潢的老房子。而你有古董家具，那麼我們來搞一間博物館吧！」

客家人個性的饒萬友雖然不會講中文，但是旅美多年，操著一口流利的美語，卻不曾忘記他的母語客家話，也沒有忘記滋養他的務邊。眼看著務邊自一九八〇年代以來，因錫礦價格崩盤，導致人口外流，原本熱鬧的城鎮逐漸沒落，他痛心不已。「人必須要知道自己的根，才能往前看。」或許建立一間博物館，可以讓務邊重新找回昔日的光輝吧！有了硬體，但卻缺乏軟體，這時候研究務邊歷史多年的彭西康先生，剛從政治祕書的工作退休，賦閒在家。

「我們三人湊成了三個臭皮匠，我們當中沒有人念過博物館學，沒有人知道要怎麼建立一間博物館，但是我們有的是熱誠，以及一個愛護家鄉的心！」聽到這裡，我雞皮疙瘩掉了一地。那些通常在社會科或道德教育課本上看到的說詞，竟然從一個不諳華語的務邊客家人的口中聽到。語畢，這群大學生忍不住大聲鼓掌了起來。

我同樣也被這位年過半百的夢想家「阿伯」的熱情感動，大聲鼓掌叫好。心裡直想著：我們真是來對地方！當時，我們在這間文物館的二樓客廳。客廳是面對大馬路的一個方正大空間，天花板特別高，因為從二樓還有一個旋轉樓梯通到三樓的小通鋪。據說過去居住空間有限，這樣的一棟兩層樓房屋，就要想盡辦法容納一個大家族。饒萬友提過，以前跟他的叔

文物館整修之後，還掛著當時的匾額。

文物館舊址原為一間店屋，在整修前破舊不堪。

叔伯伯大約六個家庭一起住在這裡。一樓用來做雜貨生意，二、三樓就是幾家子的生活空間了。

二〇〇九年，務邊第一個民間博物館「務邊文物館」成立了。正好趕在四月十八日世界文化遺產日當天開幕。「就你們幾個『安娣（auntie）』、『安哥』（uncle）就把文物館搞起來？」在清大人社系修過博物館學的甯雅睜大她的眼睛，她回想起她在大學修習博物館學的那個學期，每堂課念文本、與同學討論策展主題和方向所耗費的時間和精力，頓時覺得這幾位年過半百的阿伯實在行動力十足。這樣的精神，同樣也感染了年紀輕輕的台灣大學生。「從務邊回來後，我覺得我好像超人一樣，很有自信、覺得什麼事都難不到我！」甯雅像是在務邊吸飽了能量，回到台灣之後的那幾個月，她覺得自己所向無敵，應該是受到了這些已經五十多歲，甚至七十多歲的「老人」的鼓舞。

雖然多年後，文物館已經搬遷到斜對面的另一處，不

整修完後的店面，樓下是文物館，樓上改建成客廳和三個房間。

過，文物館成立的最初幾年，遊客大都是看了報章上的報導，組團來到文物館參訪。只要有人走進文物館，彭先生還是會先把一台老式CD播放機的插頭插進去，按下播放按鈕，經過一段沙沙聲之後，一把青澀的聲音，開始用中、英文介紹務邊文物館。這就是我們大學生志工在這裡所做的服務了。剛開始到務邊服務，第一年的學生志工沒什麼頭緒，務邊的人對台灣來的大學生也很新奇，但更多的是保留的態度。經過幾個禮拜之後，最後村民們終於相信這一批台灣的年輕人是認真要來記錄歷史的，可惜，已經來到服務的最後幾天了。臨走前，這群學生志工不甘心就這樣離開，心想著留給當地一份禮物。大家普遍認為，一個好的博物館就應該要有好的導覽，於是自己寫了介紹詞，再翻譯成英文，打開筆電的內建錄音鍵，把文物館史上第一個導覽介紹詞給錄了下來。

「社區營造」和「文化歷史保存」是我們在務邊主要的服務內容，可是帶著一群清大「理工」人，說「文化」太沉重，說「文史保存」更如天書般，沒關係，那就從這個CD播放機的中英文導覽開始吧！

在馬來西亞建民間文物館，從台灣來的大學生志工一開始覺得沒什麼大不了的。畢竟，在他們生長的年代，已經是台灣民間博物館各地林立的狀況。但是，我在每次志工例行會議的晚上，都不厭其煩地一直強調，在馬來西亞的官方博物館，通常看不到「異族」的歷史和文物。因此，現在在務邊，靠著自己的力量建立民間博物館的這些阿伯，我們不能視為理所當然啊！

在馬來西亞各地的官方博物館，大都以馬來族群的歷史脈絡做為敘事與展示策略，不太有機會看到馬來族以外的「異族」歷史或文物。而這所謂的「異族」，很諷刺的，指的是馬來西亞主體民族即原住民族和馬來族以外的族群，其中包括自獨立日就取得公民權的華人和印度人等。身為馬來西亞人在台灣留學，早已不曉得聽過多少次，只要一談到我們來自馬來西亞，大部分人劈頭第一句就是：「那邊排華很嚴重吼！」或者「那邊還有沒有在排華？」面對這樣的說法，我經常是不置可否。這個問題涉及層面太廣，有制度上、政策上的，也可能涉及個人的偏見或刻板印象，或獨特的生命經驗。年輕的時候，血氣方剛，的確曾經覺得自己在自己的國家被排擠了。稍微年長一點，我已經願意用另一個更寬廣的角度去看待後殖民時期、多族群的國家所面對的族群衝突與政治問題。

然而，在官方博物館裡看不到「自己」的歷史，是鐵一般的事實。這是馬來西亞六十多年建國以來，經過有意識地、協商式地選擇出來的一條路。所謂的協商，是經由代表華人的團體（例如鄉團會館、華商組織等）在不同時期曾經要求將華人的文化、語言、歷史納入「國家文化」當中。這裡所謂的文化不外乎是舞龍舞獅、華語、各廟宇活動、各種節日的慶祝等等，當然還包括深層文化，例如文學、歷史等等。然而，在戰後建國的後殖民國家中，每一個都得面對這個多元族群在同一個國土上的局面。包括馬來西亞在內，複雜的多元種族現況，使得務邊的阿伯想要創立屬於自己的文物館的路途，困難重重。

「我去霹靂州的博物館主管機關申請成立博物館，他們說：「No, No, No.（不、不、不）」夢想家兼行動派企業家出身的饒萬友根本沒料到，連自己出資要成立博物館，還會受到公家單位百般阻撓。「You cannot call this museum, but you can call it gallery if you want.（你不能將它稱為『博物館』，但是可以隨意取名為『藝廊』。）」饒萬友只覺得荒唐，四處奔走之下仍未見效果，他毅然決然將他們的博物館取名字為「務邊文物館」（Muzium Gopeng），更舉辦了盛大的開幕典禮，將匾額掛了上去，再繫上華人喜慶節日常見的紅繡球和紅布條。就這樣，由三個「臭皮匠」合力，加上

文物館祕書彭西康先生為學生志工講解和導覽。

社區人士的合資，大家在自己的家鄉巷弄間，建了一間「自己」的博物館。

「我才不要建什麼藝廊，我說它是『博物館』，它就是『博物館』！」饒萬友鏗鏘有力的聲音，好多年來都一直縈繞在我腦海中。對我來說，這時候的饒萬友，彷彿身後站了世世代代的大馬華人，在這塊土地的辛勤耕耘的身影，儘管弓著身、彎著腰，在掏錫礦或割橡膠，但是卻散發著一股不輕易服從的倔強。我只好暫停訪談，先喝口 Teh O Ais（冰紅茶）來降降溫。或許在馬來人眼裡，華人真的是一群奇怪的族群吧！遠從中國沿海地區（馬來西亞人俗稱的「唐山」）來到南洋打工掙錢，錢賺到了，也寄回老家了，卻還是繼續住在這裡，堅持母語教育、文化權、公民權等等的。如同美國著名的中國近代史研究學者孔飛力的著作《他者中的華人：近代中國移民史》中所揭露的各移民潮的故事，這或許就是那個時代的悲歌？

用手寫新聞稿攻占地方版面的安哥彭

「柏翔！你下來一下好嗎？」早上九點，大夥兒還在文物館二樓後方的洗手台刷牙洗臉，一把宏亮的聲音就從一樓庭院傳了過來。我們都知道是「安哥彭」來了。這個「安哥」是伯伯的意思，來自英文uncle的音譯。在馬來西亞都習慣如此稱呼華人男性長輩，例如「黃伯伯」到了馬來西亞就會被稱作「uncle黃」，而這個「黃」會依照籍貫不同而有不同的發音，例如福建人就會稱作「Uncle Ong」。

每天早上，文物館的祕書彭先生起床後第一件事情，就是先到文物館來，給庭院裡的花草澆澆水，然後再到巴剎去找朋友喝茶吃早餐。在馬來西亞吃早餐都叫作「喝茶」，但實際上不只是喝茶，kopi O（「O」是「黑」的福建話發音的寫法，指黑咖啡）、cham（「摻」的福建話發音，指咖啡加奶茶）、milo（美祿）等，都是飲料的選擇。至於吃的，則是吃咖哩麵、清湯米粉等。

「早上安哥彭帶著我們一行人浩浩蕩蕩到巴剎去吃超辣的咖哩麵。我其實都吃不完，因為真的太辣了！」個性靦腆的雅恬，坦承她其實沒吃完早餐。早在行前會議，我就提醒他們，身為國際志工，不只是專注於眼前的服務計畫，更根本的其實是：「好好地做人。」這意思是什麼呢？例如：不要浪費食物、見到人要主動打招呼等等這些基本的為人處事的道理。所以，當她沒吃完早餐，顯然內疚了一整天。

務邊以廣東人和客家人為主，所以早餐吃得比較重口味。抱著民族誌式的田野調查方法，我們實際跟著安哥彭過一天，觀察並參與他的生活。喝完茶之後，彭先生會再騎著他的摩托車，回到文物館去，開始他一天身為「義務祕書」的工作。安哥彭的全名是彭西康先生，在務邊可說是地方名人，主要是因為他擔任了多年的政治祕書的工作，協助當地的國會議員處理地方事務，因此人脈很廣。近年來隨著馬來西亞政治氛圍的改變，他從政治工作退役之後，轉而到他另一個有興趣的領域，即文史工作去。

「有一天，有人問我的兒子，你知道務邊有一條街叫『余廣街』嗎？（Jalan Eu Kong，Jalan 是路，Eu Kong 是余廣的馬來文寫法）你知道『余廣』是誰嗎？結果，我的兒子不知道。這是誰的失敗？這是他的爸爸的失敗。」安哥彭用手用力拍著自己的胸脯，臉上露出一絲慚愧。「如果一個孩子，連自己家鄉的歷史都不知道，這個問題很大。」原本還在嬉鬧的大學生，也頓時全安靜了下來，似乎感受到了彭先生內心的沉重和擔憂。

其實，彭先生這一番話，幾乎可以說是馬來西亞華人的實際狀況。雖然國內沒有發生頻繁到足以登上國際版面的種族流血衝突事件，不過在獨立之後，國內一直在面臨多元族群之間關係的競合。在官方歷史中，馬來西亞以馬來文化歷史為起點、以伊斯蘭文化為主調，這些都可以解釋為是對殖民主義的一種反撲，亦是民族主義的興起。很遺憾地，在這樣的反殖民的民族主義的興起過程中，每個族群都需要爭取保留自己的文化和歷史，華人歷史和文化在官方歷史中被消音了。具體的面貌是如何呢？就像彭先生的兒子，不知道自己家鄉的歷史，是一種普遍的現象。

就像務邊這一條一點也不起眼的「余廣街」，

文物館新址就是以前余仁生的馬廄。

就是以在新馬、香港著名的中藥連鎖店「余仁生」的創辦人余廣為名。在馬來西亞，幾乎無人不知「余仁生」，但是，因為不重視地方歷史，幾乎沒有人知道余仁生的第一間店就在務邊，余仁生從務邊開始發跡，就是因為當時務邊曾經是一個因為錫礦而繁榮的小鎮。

「余廣在一八七三年從中國廣東佛山來到這裡打拚，發現當時的礦工以吸食鴉片來解憂享樂，於是用他的中藥知識來幫助礦工脫離鴉片。一八七九年第一間店就開在務邊大街

我們主要的工作是協助彭西康先生收集和記錄務邊歷史。

文物館裡有詳細的地方歷史敘述。

上。」彭先生指著文物館斜對面的馬路，述說著余廣的故事。來自台灣的學生似乎對「余仁生」這三個字沒什麼特別的情感，畢竟這不是他們的成長背景中熟悉的事物。但是我內心卻非常震撼。原來，我也是彭西康口中說的那個「不懂家鄉歷史的人」，「余廣」是誰我也不知道啊！

其實，以世界各地的海外華人來說，馬來西亞華人社會已經是數一數二成功捍衛自己歷史文化的一群人，包括保留語言、文化、藝術、歷史和教育。在世界上很多地方禁說中文、忘了祖先的狀況，馬來西亞華人還可以辦自己的華文學校、講自己的語言、辦自己的報紙，可以想像前輩做了多少努力，以及馬來西亞多麼獨特，特殊的後殖民時代促成了馬來西亞多元的一面。

儘管如此，馬來西亞華人也面臨認同的兩難。在歷經好幾代在馬來西亞落地生根之後，許多人也努力使用不同的方式來認同這塊土地。彭先生所做的事，就是其中一種。身為文物館的義務祕書，他的例行工作就是為遊客做導覽，並在他們結束參訪前拍一張照片，然後親自撰寫新聞稿，寄到地方報館請求刊登。因此，當地主要報章的地方版幾乎三不五時就會出現務邊文物館的新聞。新聞被刊登，不僅是一種紀錄，更重要的是一種姿態，表示「文物館還在！」、「我們還在努力！」

揚哲是清大動機系的學生。原本沒有打算參與國際志工，不過在招募志工的說明會上，偶然聽到了我介紹彭先生如何每天風雨無阻地守護著文物館，便毅然決然地報名參加。「我當時聽到馬來西亞有一個地方、那裡有一個老人，做了很多事情，為的是把歷史和文化留給下一代，我覺得很感動、很感動！我告訴我自己，一定要來幫助他、支持他！」

幾乎每一年，學生志工回到台灣之後，都會在心得裡面寫著：「與其說是我們去幫助他們，倒不如說是我們也從他們身上得到很多。」到底得到甚麼呢？我後來慢慢發現，這些「安哥」和「安娣」的身影、他們堅毅的眼神、他們不屈不撓的精神，刺激了我們的學生志工。在面對這麼艱苦的環境，仍然堅守著自己的使命。

是的，沒錯。在馬來西亞有一個地方，有一個人每天風雨無阻地守護他們的博物館。這間博物館是「務邊文物館」，這個人是「uncle 彭」。

建立第二間博物館的地方大佬以及他的榴槤

在馬來西亞久了，你也許就會習慣華人社會裡有一個奇妙的默契，那就是「有錢出錢、有力出力」。這一句話的具體意思是，如果某一件事，有人願意出力，但是沒有人出錢，這件事也不會成。所以反過來說，當你看到社區中有些事情在推動，背後一定有「金主」。所以在馬來西亞做社區工作多年，我們都習慣去了解「金流」，再進一步去了解「人流」。

不過，這些年來，這種習慣有些改變。我注意到一些地方開始有些社區活動，小自小學晨讀家長團體，大至地方博物館的改造，好像沒有明顯的金流可追溯，反倒是「人」先來，先做事，然後錢才進來，或者，根本沒有錢。一直是靠著幾個人，或社區的力量苦苦撐著。

務邊文物館的三個「臭皮匠」，是一個相當奇妙的鐵三角組合，一位是旅美的企業家，買下以前的房子後無償捐出來當博物館的基地，於是「地」有了。另一位是退休的小學老師，對地方歷史有興趣而收集資料長達二十年，於是「人」有了。最後一個缺角，就是王坤祥，一位在務邊無人不知、無人不曉的地產發展商。

多年來，他偶爾從事產業收購的生意，一棟房子裡，裡面都留著各式各樣以前的人使用過的家具、器皿等等。他對這些古物情有獨鍾，找了個倉庫把這些桌子椅子、鍋碗瓢盆等收藏了起來。於是，「物」也有了。

一間博物館最重要的人、地、物都齊全了，基本上就具備了建立博物館的基本條件。務邊文物館建立之後，王坤祥似乎染上了「建立博物館」的癖好，他在務邊鎮上的地標小圓環，買下了另一棟雙層店屋，自己設計、找材料，一板一瓦地把務邊第二間博物館完成，取名為「懷古樓」。

懷古樓由王坤祥一人設計，帶領著工班自行裁切木材、木板，丈量空間大小，把一個兩層樓的老舊店屋改造成一個想像中的古老豪宅。從大門進去，是一個拉門，這個拉門附有玄機，在門旁邊暗角處有開關，讓屋

懷古樓位於務邊鎮的一排百年店屋中。

主不帶鑰匙也可以把門鎖上。從大門進來之後，是一個仿照過去民宅的客廳，放了鴉片床、摩托車、炭火熨斗等等，還打造了一個吧台，再巧妙地把馬來西亞街頭常見的印度人理髮廳安插在樓梯底下。而二樓則是三個房間，有古典的鏡子、四柱床、尿壺等，大大小小不同年代的物品，巧妙而不失違和感地放置在懷古樓的空間裡。

「這裡面沒有貴重的文物，全部都是以前的人用過的東西。」一個完全沒有博物館背景、完全沒有社區營造概念的產業大亨，卻是親手打造博物館的人。我自己著實被王坤祥這樣「傳統」的馬來西亞華人的實幹精神給震撼住了。這樣的事蹟，若不是我親眼所見所聞，我絕對無法想像，在馬來西亞內陸小城鎮，竟然有這樣一位安哥，傾全力、投資金為的是打造一間他想像中的博物館。而多年後，這間博物館也的確永遠成為了他的遺世之作。

「Uncle Wong！」這群學生志工每天經過務邊巴剎的大樹下，看到皮膚黝黑、身材瘦小的王坤祥，總是大聲地呼喚著。而這時候，王坤祥也只是微微點了個頭，酷酷地倚在他的摩托車上，繼續跟朋友聊天。更多的時候，接了句話：「要不要吃榴槤？」沒多久，一大籃的榴槤就出現在懷古樓的後門。榴槤濃郁的味道，讓原本在拍攝文物照片的學生紛紛放下手邊工作，圍了過來。

「你們有沒有吃過榴槤？」王坤祥一邊把榴槤剖開，一邊問。「我們吃過台灣的榴槤，但是沒吃過馬來西亞的榴槤。」子婷是一個什麼願意嘗試的人，她覺得難得來到馬來西亞，一定要什麼都試試，才不枉此行。「哎呀，你們台灣的榴槤，都是從泰國進口的榴槤，肯定沒我們這裡的香。來！試試看！」王坤祥捏起一塊米白色的榴槤果肉，要大家試試看。我看著這一群年輕人，有人很聽話，熱情地圍在王坤祥身邊，儘管他可能不習慣榴槤的味道，也得裝模作樣地認真聽講。因為出國前的培訓時我說過：「當地人請你們吃東西，你絕對要收下，不然就變成不禮貌了。」

而其他比較有技巧的人，則是站在第二圈，想要「濫竽充數」，自以為可以假裝是人形立牌，只要湊人數，不用吃榴槤。沒想到，王坤祥沒有漏掉任何一個人，每一個人都逃不過要試吃一下務邊榴槤。在我和王坤祥的「監督」下，他們「吞」下了生平第一口的榴槤。看著他們苦著臉，真覺得好氣又好笑。不知情的人，還以為我們逼他們吃什麼奇怪的食物呢！如果讓當地人知道他們吃的是務邊榴槤，一定會被笑「不識貨」！

「這裡的榴槤跟平常吃的不太一樣耶！」比較敢吃榴槤的亭吾是清大人類學學程的學生，平時上課已經習慣尊重不同的文化，也願意嘗試新東西。來到馬來西亞，讓他最感到驚訝的是，連榴槤也都大有學問。原本在台灣，榴槤就只是在超市裡，定期在某些季節會出現的熱帶水果，從來沒有機會探究過榴槤的祖宗十八代。但是，來到這裡，榴槤突然搖身一變，成為一個有故事、有身世、有生命的水果。

「每一個人都問我們有沒有吃了榴槤，感覺榴槤占據了生活中很重要的部分。」亭吾發揮他人類學學程課程中所學習到的參與觀察法。的確，「吃過榴槤了沒？」是在榴槤季節時大家的問候語。每年七月中旬到八月中，是榴槤的產季。在榴槤產地的路邊、早市、夜市都會看到榴槤攤販。但是在務邊，還會看到特別的景致，就是早上有一些人騎著摩托車，後座是一大籃榴槤。

「所以馬來人是負責種榴槤，華人負責賣嗎？」亭吾似乎看到一些族群上的差異。「那些不是馬來人，是山地原住民。」王坤祥指正他。務邊是內陸小鎮，已經靠近馬來半島的中央山脈，在務邊鄰近的山區裡，住著原住民族，他們過去一直都是以採集、種植為生。所以山區的原生種榴槤樹如果有結果實，他們會去採集，再拿到鎮上來賣給榴槤攤販。而務邊是華人聚居的地區，當然攤販也是華人居多。

這些原生種的榴槤，依當地人的說法就是「山榴槤」。山榴槤相對來說比較便宜，另一些經過配種後的名牌榴槤，例如早年較廣為

務邊的榴槤雖然沒有名種榴槤那麼著名，但是味道絕對是你不容錯過的。

以祖先用過的物品作為懷古樓收藏的重點。

懷古樓仿照古色古香的務邊老宅設計。

人知的「D24」、「紅蝦」等，以及近年來比較流行的「貓山王」，價格都偏高，一顆約有七、八粒果肉的榴槤，要價至少台幣六百到八百元之間。山榴槤或名牌榴槤，各有擁護者。

就我自己而言，我比較喜歡山榴槤，因為通常山榴槤來源不一，來自不同的榴槤樹。往往在一大籃榴槤中，每一顆剖開來，味道都不一樣：甜的、淡的、酒香味的、苦的都有。有些果肉是淡黃色的、有些是紅色的、偏橘色的、金黃色的等等，「這個不能吃太多，吃了會像喝醉酒一樣，會頭昏的。」王坤祥指著一顆橘紅色果肉的榴槤，意味深長地警告我們。

多年後，我們從臉書朋友的訊息中得知，王坤祥因病過世了。望著電腦螢幕上的哀悼文，我又想起了，午後在大樹下倚著摩托車的 Uncle Wong，以及他在務邊建立的懷古樓和其他的仿古建築餐廳。曾經他告訴我們，他要在務邊重建仿古建築，他終於實現了。一個沉默、不擅言辭、內斂含蓄的產業大亨，在務邊留下了「懷古樓」，現在已經是務邊最著名的旅遊景點，其實很多人是因為這裡有一間「懷古樓」而走進務邊的。

經典電影「阿甘正傳」裡的一句台詞說：「人生就如同一盒巧克力，你永遠無法知道下一顆是什麼味道。」在務邊，我想應該改成：「人生就如同一大籃山榴槤，你永遠無法知道下一顆是什麼味道。」我們在務邊做文史資料的收集，萬萬沒想到，懷古樓和榴槤就可以寫滿一章節了。

椰奶是哪裡來的？

雖說是來當志工，為博物館採集故事，編寫地方歷史，不過，人的生活就是會面對「吃」和「喝」這兩個主要的生活瑣事。尤其在馬來西亞，這個以多元族群美食為特色的地方，品嘗美食就是體驗文化最直接的一種方式。

「哇，那邊搭著棚子的是什麼地方？」在清大念材料系的高材生柏翔是個好奇寶寶。凡是看到任何沒看過的事物，一定會問：「那是什麼？」剛好我們在當地服務時，適逢穆斯林的齋戒月（Ramadan）。

除了在馬來西亞，其實全球穆斯林都會進行這個信仰上的「功課」。齋戒月是指伊斯蘭曆上的第九個月，阿拉伯語發音就是Ramadan。在《古蘭經》中，真主阿拉明確指示穆斯林要在第九個月進行「齋戒」（puasa），即在黎明前的晨禮（Fajar）以前，直到傍晚的昏禮（Maghrib）都不得進食和喝水，同時也要時時注意言行舉止。若是在台灣夏天的晨禮時間，大約是在清晨四點以前，而昏禮時間大約是下午五點半左右。所以禁食的時間大約是十一到十二小時之長。

每逢齋戒月，每個社區下午開始就會有美食市集，販賣各式各樣的開齋小吃和飲料，例如椰子水、果凍汁、烤雞翅，以及各種娘惹糕，當然不能少了飄香的烤沙嗲肉串（sate）和經典的椰漿飯（nasi lemak）。因為新鮮、有趣又好吃，所以我當然鼓勵這群來自台灣的大

齋戒月的市集有很多新鮮好吃的美食，不容錯過。

學生去體驗一下異國風情。這樣的市集，不僅在馬來西亞可見到，實際上在所有穆斯林社會，例如印尼蘇門答臘和爪哇、汶萊、新加坡的馬來社區也都很常見。

隨著社會的進步與講求方便，越來越多人直接用購買開齋食物以便在每天的開齋時間到之時，就可以先進食簡單的小吃。回到家之後，再與家人一起享用正式的開齋晚餐。當然，來自台灣這些大學生從來不知道齋戒月是什麼，更不可能齋戒過。

「我參加過飢餓三十營，這樣算嗎？」以搞笑為習慣的溫茹試圖想要「同理」身邊正在齋戒的穆斯林。「勉強算啦，可是聽說你們的飢餓三十營是可以喝飲料的吧？」溫茹再想

剖開老椰子，裡面有厚厚的果肉，絞碎之後再擠成椰漿。

馬來西亞的食物，通常都會加入椰漿料理。

想，可能得真正跟著穆斯林過一天這樣的齋戒生活，才能真正理解他們吧！但就算沒齋戒，今天還是可以先去市集嘗鮮的嘛！大夥兒聽到吃的，精神力氣馬上都來了！市集其實在滿遠的地方，步行的話大概需要二、三十分鐘。但是為了吃、為了嘗鮮，他們已經擦好防曬乳、帶好帽子、穿上防曬外套，頂著下午四點仍然熱情炙燙的太陽，往開齋市集前進！

過了一會兒，他們就提著飄著不同氣味的大包小包回來了。他們把戰利品攤在桌上，開始互相評論了起來。「那包糊糊的醬是什麼啊？」「那一塊看起來是雞肉。」「這個會辣嗎？」眾人一方面正要嘗試各種此生沒吃過的食物而感到興奮，另一方面卻有點害怕誤踩地雷。不能吃辣的雅恬已經把水瓶裝滿了水，準備一口辣椒、一口開水地交替著吃。結果第一次的嘗鮮效果意外大獲好評。看來這一群台灣年輕人滿能接受口味較重的馬來食物。

最後，就剩下一些糕點和甜點。我提醒他們：「這些糕點通常都是用椰奶做的，所以不宜放太久，容易壞掉，要趕快吃掉喔。」這時候個子小小的亭誼突然拋出一個問題：「椰奶是從哪裡來的啊？」大夥兒愣了一下，沒人可以回答這個問題。在一旁的柏翔不疾不徐地說：「椰奶，當然是從，椰．子．的．胸．部．來的囉！」

這則「從椰子的胸部得來的椰奶」的故事，變成了我往後在教馬來語和印尼語的課堂上，必說的故事。我發現，每一次我詢問班上的學生：「椰奶或椰漿，從哪來？」總是有學生一臉茫然貌。這項我認為是基本的生活常識，換了一個地方，就搖身一變成為了奇聞新知。而我通常耐著性子對學生解釋椰子的各個部位，包含比較嫩的椰子是綠色的，我們通常喝的椰子水就是來自這些嫩椰。通常需要人或猴子爬到樹上採下來。而椰子一旦變老，就會變褐色，重量也較年輕椰子來得輕。

椰子變老後，就會自然掉落。所以，在椰子樹林中，地上布滿了這些老椰子。老椰子如果沒有及時被撿起來取其果肉，這顆椰子慢慢會長出幼苗，然後落地生根，慢慢長成椰子樹。而老的椰子裡，拌開外層的椰殼和粗糙的纖維之後，會摸到堅硬的椰子殼，用刀背用力一拍，「啪！」一聲，椰子殼就輕易被剖開了，裡面就會看到雪白的果肉，有時候達到一兩公分的厚度。若將這些成熟的果肉拿到刨刀機前，刨成椰絲，最後榨成汁，就是「椰漿」或稱「椰奶」了。

而這個椰漿通常是作料理之用，例如煮咖哩或作糕點必備材料。在馬來西亞的「巴剎」，每天都有小販在賣椰漿，而且通常上午十一點就售罄打烊了，可見椰漿在當地食物烹飪的重要性。而我自己對於椰漿有一段特殊的回憶。我的老家位於馬來甘榜（kampung，鄉村之意），隔壁就住著馬來 mak cik（馬來阿姨之意）。一旦我們家要料理咖哩雞的時候，下午五點，我媽就會到家裡院子去撿起一顆老椰子，按照上述的方式把內部的堅硬椰殼剖一半之後，叫我到隔壁家請馬來阿姨幫忙刨成椰絲。我會帶上馬幣五十仙（相當於台幣五元）當作服務費，佳節時期會漲價成馬幣一塊錢。

用這麼新鮮的椰漿所煮出來的咖哩，味道特別濃郁好吃。這味道是我在台灣這麼長時間久居，幾乎沒有嘗過的味道。在台灣的馬來西亞料理，大部分得使用經過乾燥處理的椰漿粉，雖然味道大同小異，但是細細品味後，總能分辨出新鮮椰漿與椰漿粉煮出來的差異。這麼敏感的味覺，都要怪我們家後院俯拾即是的老椰子啊！

從務邊小鎮往山裡面走，就會看到馬來村莊裡的傳統房子。

開齋節的流水席

很多人出國旅遊，喜歡挑當地有節日或慶典活動的期間去，特別能夠感受到異國風情。剛好有一年，我們在務邊服務時就遇到了馬來人的開齋節。

「有聽過開齋節嗎？」

「有。」

「那開齋節是在慶祝什麼？」

「額……」

這是我多年必問這些大學生的問題。一開始我以為這麼簡單的問題，應該大部分人都知道，所以我只是隨口問問。沒想到多年來，我得到的反應通常都是遲疑、不確定、困惑的表情。一開始我還在想，可能清大是理工科學校，所以沒辦法回答也無可厚非。但是後來我在台大、政大教馬來語和印尼語的課堂上，一樣面對這樣的反應時，我才驚訝這是一個嚴重的問題，即台灣對於世界上一些族群或宗教的「盲」。

所以，當我們在當地服務期間碰巧遇到最盛大的節日，肯定是要參與的啊！在開齋節前幾天我先為這群學生志工上上課，跟他們講解什麼是開齋節、什麼是齋戒月、為什麼要這麼做等等。

如果要知道什麼是開齋節，就必須先知道伊斯蘭世界有伊斯蘭曆。伊斯蘭曆從先知穆罕默德在公元六二二年時率領穆斯林從麥加（Mekkah）遷徙到麥地那（Medina）時開始為伊斯蘭曆元年。而伊斯蘭曆是陰曆，而且沒有閏月或閏年的設計，所以每一個月只有二十九或三十天，以十二個月為一年，每一年大約有三百五十四天。

在這十二個月份裡，每一個月有特定的名稱，只是以阿拉伯文命名，不熟悉伊斯蘭文化的人可能就比較不了解這十二個月叫什麼名字。不過穆斯林本身可是很熟悉的喔！其中有幾個月對非穆斯林來說，比較需要認識和了解，那就是第九個月，叫做Ramadan。Ramadan月就是進行齋戒月的日子，所以一般上在馬來西亞，大家也就直接說成「齋戒月」（bulan puasa）。

「喔，所以所謂的『Ramadan』就是我們比較熟悉的『September』的意思。」佑辰通常是最快掌握重點的計財系暖男，喜歡幫大家做結論。

「沒錯！你開竅了！」我開玩笑的說。

「那下一題考考大家：『齋戒』怎麼進行？」我接著問。因為我發現通常大家都栽在這一題，幾乎沒人能夠正確回答。

「三十天不吃不喝？」有人好像在高中社會科讀過。

「哇，那不就沒命了?!」我特意誇張地說。

「喔？對喔！」大家陷入苦思。

通常我特別享受這一刻，大家絞盡腦汁，想要在腦袋中尋找答案，但是卻一無所獲，才發現我們對世界的理解竟是那麼地狹隘，還有很多我們不懂的事！就算是資優生，就算是每年考第一名，也並不是「全能」啊！能夠在學習的過程中，發現自己不知道什麼，進而去學習、去認識，這就是國際志工的重要學習歷程之一。

其實這個問題拿來問非穆斯林的馬來西亞人，大部分人都知道是從清晨開始禁食到傍晚才開齋，也就是每天大約禁食十二到十四小時不等，看你所在位置而定，基本上以「太陽升起到落下」之間不吃也不喝。

「也不能喝？」佑辰太驚訝了。「我以為只是不能吃。」

「我知道，你們參加過的『飢餓三十』生活營是可以喝東西的，但是穆斯林的禁食是完全不吃不喝。」前陣子世界各地流行舉辦「飢餓三十」的體驗，希望人們感受飢餓的痛苦，所以我想這是他們最接近「齋戒」的體驗了。

但話說回來，「太陽升起到落下」其實是一個大概的說法，如果要深入細究的話，其實要從了解穆斯林一天五次做禮拜的時間開始。穆斯林一天需要做五次禮拜，這也是常識了，這五次的禮拜時間，實際上也是跟著太陽的位置而設定，時間分別是清晨五點左右的晨禮（Imsak 或 Fajar）、中午一點半左右的晌禮（Zohor）、下午四點半左右的晡禮（Asar）、黃昏七點半左右的昏禮（Maghrib）以及晚上八點半左右的宵禮（Isyak），這些禮拜的時間點會因時區、經緯度不同，而有所區別。而齋戒從晨禮開始到昏禮為止，所以在齋戒月時，很多廚房從清晨三點多就開始熱鬧了，因為得在五點多以前完成進食。

「馬來西亞有個笑話，以前宗教警察會到處去巡邏，看

各族朋友穿戴整齊，穿上馬來服裝去拜訪朋友囉！

看清晨時哪一家廚房沒有開燈，也沒有聲音，就表示那一家沒有認真進行齋戒！」對很多馬來西亞人來說，非穆斯林要深入了解穆斯林的信仰生活，其實也不是那麼容易的。所以現在一逮到機會，我也希望學生可以把握機會。而這一次就是一起體驗開齋節。

開齋節當天，我們跟著當地華人朋友，一早就到清真寺去，看到所有馬來人穿著新衣戴著新帽，互相握手祝賀開齋節的到來，臉上盡是喜悅。感覺的確很像台灣或華人的農曆新年，所以難怪一直有人把開齋節誤認為是「馬來新年」或「印尼新年」，其實這是文化概念上的誤用。所以我通常會再三強調：開齋節不是新年，而是十月的第一天！

開齋節前一晚，村子裡的朋友互相拜訪，在家中客廳誦經迎接開齋節的到來。

開齋節當天一早，穆斯林朋友先到清真寺去做禮拜，然後才開始拜訪親友的行程。

穆斯林朋友在清真寺禮拜完畢之後，我們大家開始坐上各自的車子，準備一家家去拜訪。在出發前，友人煞有其事地跟我們報告今天的行程。

「今天我們一共要去拜訪五個朋友，所以記得一開始不要吃那麼多，吃一點點意思有到就好，不然到最後你的肚子會撐爆！」怎麼會一開始就這樣警告呢？也太沒意思了吧？開齋節當然是要大吃特吃啊，而且這時候可以吃到難得一嘗的馬來風味料理耶！

從早上九點開始，我們就到一家一家拜訪、握手致意，大家的家門都是門戶大開，不僅客廳裡的小桌子上放滿了各式糕點餅乾，在飯廳的桌上，也都是各式傳統馬來料理，例如咖哩雞、仁當牛肉、沙嗲、馬來粽子等等。每一家料理雖然都差不多那幾樣，但是都蘊含自家特殊的風味。因為每一家幾乎都是女主人親手煮的啊！

我們在馬來朋友的飯廳坐下來吃飯菜、然後移步到客廳吃糕點餅乾喝冰飲，肚子也越來越撐。這樣的行程一直持續到下午五點，終於來到最後一家。「其實吃到第三家，我已經不知道我在吃什麼了。」佑辰撐著肚子坦承，大夥兒亂笑一通。每一個人看著手中的盤子，還剩兩口飯，遲遲不敢吃下去。我想他們雖然沒有經歷齋戒，但是肯定體驗到了「開齋」的深層意義啊！

什麼是多元的馬來西亞？

一說到馬來西亞，大家心中可能就會浮現「多元」這個詞。這群學生志工正式在七月到馬來西亞服務之前，我們從二月開始每周進行讀書會。我挑選幾篇可以快速了解馬來西亞社會、特別是馬來西亞華人社會的論文或文章，讓學生對即將服務的社會有個基本的了解。還記得第一年帶著一群大學生志工的時候，我犯了一個致命錯誤：我以為他們都知道。知道什麼呢？知道馬來西亞曾經被英國殖民、知道馬來西亞有三大族群、知道馬來西亞的華人除了會講中文，還會其他方言，例如福建話、廣東話、潮州話等等。

「雖然我是書卷獎，成績一直是數一數二的，但是在來馬來西亞之前，我不知道馬來西亞有華人。」這是我從其中一位「書卷獎」得主團員口中聽到的話。事實上，「缺乏國際觀」一直是台灣社會和教育界所關注的問題。如果沒有站在教育現場，我想很多人沒有辦法想像什麼是「沒有國際觀」。如果追根究柢，大家會說是「教育」的問題，是大學沒教？高中沒教？國中沒教？還是整個社會都不重視？

根據我多年對台灣社會的觀察，台灣社會不是沒有國際觀，而是「狹隘的國際觀」。所謂的國際觀，大致上是以美國、日本為主，再加上中國。可是世界上地方這麼多、文化這麼豐富，我們卻沒有機會將這些豐富多元的文化介紹給後代，我真心覺得可惜。幸好，現在一些大學生還有機會透過參加志工團，或其他類似的活動，來拓展國際觀。而我也很慶幸，有這樣的機會為他們搭建橋樑，讓他們認識多元的馬來西亞。

「今天我們遇到一個會講廣東話的印度人。」在清大人社系念書的溫茹，揮著汗向我報告這件事。儘管我生長在多元的馬來西亞，但我們也都很清楚，族群之間的關係仍然是馬來西亞社會最關鍵的議題。而族群的差異最簡單的表現，就是「什麼人講什麼話」。

我記得碩士班畢業時的最後一個暑假，我帶著當時的男友、現在的老公小史，到馬來西亞去 longstay 兩個月。坦白說，那是我精心安排的一場「相親」活動，只是相親的對象，不是人，而是我的故鄉馬來西亞。我當時想，如果未來我們要一起生活的話，讓他了解我的背景、我的家鄉是很重要的。畢竟很多夫妻吵架的原因是因為沒有互相了解嘛！果然，一下飛機，到客運站要轉車到吉隆坡市區，迎面走來一位面孔黝黑的售票員，劈頭就用中文問：「要去哪裡？」一時之間，小史困惑了。他還沒辦法分辨到底是馬來人還是印度人，可是眼前這一位「異族」售票員卻用中文在跟他說話。

這就是多元的馬來西亞給外人的第一印象：語言的多元。所以，當溫茹告訴我有一個印度人，會講廣東話時，我其實一點也不驚訝，倒是這些來自台灣的學生志工，因為不會講廣東話，所以面對這位印度人時，只能回歸到用英文單字和句子，以及明顯過於豐富的肢體動作來溝通。

「我們都是福建人啊，是福建會館的理事，但是我們開會都在講廣東話。哈哈哈！」婷婷是一位個性直爽的婦女，在務邊開了一間雜貨店，平時的休閒活動，就是跟一般朋友喝茶聊天，度過一個下午。今天的午後也不例外，在務邊一間茶餐室裡，幾位安哥安娣就靠在塑膠椅上，用廣東話聊天嘻笑著。看到這些戴著草帽、留著汗水的學生志工，就趕緊招呼他們進去坐坐。

「熱」是所有人對馬來西亞的第一印象。每學期在開學的第一周，我必定會請來修馬來文和印尼文課的學生，

會說廣東話的印度人古瑪和兒子感情很好。

寫下他們對馬來西亞或印尼的印象。結果全班五十幾個人寫的印象都大同小異，被我歸納成兩個字，那就是「熱」和「辣」。但是，這個「熱」是多熱？一定要親身體會才能真正了解。

在馬來西亞當文史資料收集的學生志工，工作內容不會太辛苦。唯一最辛苦的，應該就是午後的太陽了。所以，在務邊除了來自台灣的這群學生志工，幾乎沒有人會在大太陽下走來走去。大家能避就避，能躲就躲。所以午後要去哪裡找人做訪問呢？最好的地方就是茶餐室。一些茶餐室也叫作「kopitiam」，是當地人解決早、午、晚餐，甚至下午茶和宵夜的地方。在務邊這樣的小地方，茶餐室搖身一變，儼然是里民活動中心，桌上已擺著半滿的酒杯和空酒瓶。安哥一看到這一群戴著草帽、頭髮因為汗水而黏在頭皮上的大學生，馬上轉換成華話說：「來，一起喝！」這些大學生是來服務的，看到酒當然不自在，大夥兒矜持著，尷尬地笑說不會喝。但一旁的安娣，沒有要放過他們，舉起酒杯說：「這不是酒，是水啦！」

這群安哥安娣中，古瑪這位印度人特別顯眼，除了因為壯碩的體格外，也因為在華人圈裡，這位印度人顯得有點突兀。但是仔細聽，他們都在用廣東話在聊天呢。古瑪是道道地地的務邊人，身為印度人，他會淡米爾語（Tamil，印度的一種方言）、會英文；作為馬來西亞人，他當然會國語馬來語；作為一位生活在華人圈裡的務邊人，他自學了廣東話和客家話。「I am truly a Malaysian.」（我是真正的馬來西亞人。）個性幽默的古瑪，很快就和這些大學生打成一片，把馬來西亞人的熱情，實實在在地傳遞給他們。

語言在馬來西亞，不只是作為一種溝通的方式，更是對於文化身分的認同，也是在馬來西亞生存下來的必要條件。後來，我們有機會到一間華文小學辦活動，認識了幾位在裡頭念書的印度小孩。馬來西亞的小學很特別，基本上可按照教學主要語言分成馬來語、華語和淡米爾語小學，以馬來語作為教學語言的小學數量最多，學生來源亦比較多元，包含馬來人、華人和印度人。而以華語作為教學語言的學校，被稱為華文小學，通常是以華人子弟居多，有時候會有少數的印度人或馬來人。

「我媽媽覺得華語很重要，她希望我多學習關於華人的文化和知識，以後可能會有用。」文達是我們認識的第一個印度小孩，住在務邊的新咖啡山新村（New Kopisan）裡，我們在新村裡巧遇他，他自告奮勇地說可以為我們做印度廟的導覽。我們當然求之不得，馬上跟著他的腳步，穿梭在新村的小路上，還到他的家去拜訪，因此認識了文達的媽媽佐蒂（Jothi）。佐蒂是一位獨立自主的女性。

佐蒂早上在巴剎賣花圈。買花圈的人通常是印度教徒，為了祭拜神而需要用到花圈。其實佐蒂是一名基督徒，婚後跟隨著丈夫的信仰，會帶著三個小孩去印度廟拜拜，但同時會在周日時帶著孩子上教堂。他們同時慶祝聖誕節，和排燈節，在他們家裡，不同的文化交錯流串，語言不是問題，信仰更不是問題！

看到佐蒂這一家，又想起古瑪，台灣來的學生志工，真正體認到多元語言、文化和宗教的最佳體現！如果不是這一趟，這個暑假到馬來西亞來，或許「多元」還只是一個課本上抽象又遙遠的名詞。

佐蒂和她的三個小孩，從小就接受多元文化的薰陶。

負責拍攝古瑪的紀錄片團隊。

五十年後的歷史：友誼樂團

「我們為什麼要來這些地方拍攝紀錄片呢？」這是志工團的副領隊小史，也是紀錄片工作者每次出團前一定會問學生志工的問題。

然後看看沒人回答他，他又自己回答：「因為五十年、一百年後，這些影像就成了歷史。」

每次我聽到他這麼說，我都不免偷偷覺得，五十年，也太長了吧！到時候世界變怎麼樣，我們誰也都說不準啊！然而，在務邊服務的三年，我才發現，很多事情，不用五十年，只要三年，就已經是再也回不到過去的歷史了。

在務邊鎮旁，有一個華人新村，叫作「拉灣古打」。如果在馬來西亞待久了，肯定知道這是馬來地名的翻譯，原文是「lawan kuda」，「lawan」是相反、打架、比賽的意思，而「kuda」是馬。據說以前這個地方是英國人預留下來要建賽馬場的地方，後來不知何故建不成，反而名稱流傳了下來。拉灣古打新村在這附近算是有名的地方，因為有很多家好吃的餐廳。從大馬路轉進村子，是筆直的新村馬路，兩旁是商店和住家，規畫整齊，也是一般華人新村的典型樣貌。

若要了解馬來西亞華人社會，「新村」是一個不可不知的名稱和地點。在台灣，新村可能是代表著眷村文化的名詞，但是在馬來西亞，卻代表著一段黑暗史，與英殖民、馬來亞共產黨、反共等名詞有關。在一九五〇年代，英殖民政府面臨戰後反殖民的勢力，為了防止原本散居各地的華人接觸馬來亞共產黨成員，因此在各地華人聚集的地方，規畫了特定區域，把華人集中起來，形成華人聚居的村子，稱為新村（kampung baru）。目前，新村仍然存在，只是很多人口外流到城市，留下殘破的木板房舍。但也有很多就地改建，躍升成為三層樓的超大豪宅。在拉灣古打，大多數還是傳統的木造房子。

「你們是來蒐集歷史的啊？」走在拉灣古打的路上，突然我們被一位老伯伯叫住。我們停下腳步，看到在馬路邊有一間茶室，店名早已剝落，上頭還蓋著破爛的門簾，依稀還看得到寫著「友誼茶室」。乍看之下，這一間茶室跟其他的茶室沒什麼兩樣，甚至還稍嫌破舊了一些。

「我們這裡有一個樂團，你們有沒有興趣來採訪一下？」說話的是剛才那位老伯伯，花白的頭髮，臉上架著一副老花眼鏡，穿著線條襯衫和卡其色短褲，我們很懷疑自己是不是聽錯了。「上面二樓是我們的練團室喔！」老花眼阿伯繼續說。因為實在太好奇了，就跟著他穿過茶室的廚房，來到茶室後方的木造樓梯，拾級而上，這時剛好是傍晚六點，夕陽的光線直射進來，空空蕩蕩的木造房子裡面，有一組爵士鼓，上頭銅製的、大小不一的鈸，被照耀得金光閃閃，再反射出一道道的金光。那一剎那，彷彿置身在一個金碧輝煌的金牌錄音室裡。

「不要看我們現在長這樣，我們以前是有牙齒和黑頭髮的！」哎呀！馬來西亞人就是有這種特殊的幽默感。說話的是彈電吉他的貝斯手阿伯，他咧開嘴，前排牙齒果然都掉光了，說起話來有點漏風漏風的。「閉上眼睛聽他們演奏的話，其實還滿專業的！」說話直白的溫茹表達了她的正面肯定。

這一位沒有上排門牙的貝斯手說，他們以前南征北伐，到處去做表演，所到之處都是人滿為患，可說是當年的「五月天」也不為過。一九七九年成立樂團時，只是由幾個對音樂有熱誠和興趣的朋友組合起來，再加上幾個喜歡唱歌的朋友，「友誼樂團」就誕生了。難得的是，鍵盤手還是馬來人。

組團初期，大家的音樂實力其實都還不到表演水準，甚至連音響都要自己買零件來組裝，而練團也沒有固定地點。「當時二十來歲，生活沒什麼壓力嘛！」就這樣拼拼湊湊度過成團初期。在一次偶然的機緣下，一位樂團經理人，發現了他們並且邀請他們到廟裡固定表演，每次演出都會給他們樂隊馬幣五十元，「在當時五十馬幣是很多的！」樂團召集人木水先生憶起當時的狀況，黃金歲月彷彿就在昨日。

「敲敲門，你在不在？有人說你沒回來……」穿著粉紅緊身上衣的捲髮阿姨，載歌載舞，在這練團室唱著歌，彷彿舞台的前面坐滿了觀眾，實際上，只有幾個一邊喝茶一邊在聊天的老人。

「後來一九八八還是八九年，我們團員裡有人為生活所逼，要到吉隆坡、新加坡打工賺

拉灣古打新村還可以見到許多傳統的新村房子。

木造房子裡面，有一組爵士鼓，在夕陽照耀下，金光閃閃！

錢，樂團也就跟著解散了。」木水先生，是樂隊裡的鼓手，原本是擔任吉他演奏，但因為樂隊裡沒有鼓手，便開始自學打鼓，擔任起樂隊裡的鼓手一職，這間茶餐室就是他的。因為已經退休了，便把生意交給下一代做，自己則在二〇〇六年重組了樂團。因為這時候，在各地打拚了一輩子的團員，也又都回到了拉灣古打，只是早已不是當初的英俊瀟灑的樂團了。儘管白髮蒼蒼，不變的是他們對音樂的熱愛。

將近四十年後，大家各自退休回到了家鄉，這四位曾經英俊瀟灑的萬人迷，已經成了白髮蒼蒼、牙齒掉光、得戴上老花眼鏡才看得到樂譜的老伯伯，他們閒來無事聚在一起，有天再次拿起鼓棒、拾起吉他、掀開電子琴、翻出貝斯，繼續他們未完待續的友誼。

而我們第一次去，拍了兩場的樂團演出，學生志工還開開心心地一起唱了好幾首歌，沒想到隔了兩地、差了兩個世代，中間的共通語言，竟然是「月亮代表我的心」。大家肩並肩，揮著雙手，想像自己置身在萬人演唱會中，和明星偶像一起和著聲，唱著歌。很多年後，當我想起務邊，我總是想起這一幕。

而當時時間有限，樂團成員也只來得及訪問兩位，所以當時未能剪輯出紀錄片，本來第二年想要繼續追蹤這個題材，一到拉灣古打，找回這一間茶室，才知道樂團已經解散。

「沒有了喔！散了！」木水先生揮揮手，瀟灑地說。原來彈電子琴的馬來人，受到嚴重的糖尿病襲擾，雙腳已被截肢，如今躺在病床上，再也無法爬上二樓練團室。而我們所拍攝的紀錄片畫面，意外成了他們樂團人生的最後身影。不用五十年，其實只要短短兩三年，已經物是人非，欲語淚先流。

有時候大家問起我們的服務內容，一聽到是收集文史資料、拍攝人文紀錄片，總是會露出一臉茫然的表情，但對我來說，這是一場又一場與他人生命故事邂逅的時刻，藉由按下錄影鍵，讓故事得以流傳。讓這群「安哥」的友誼，得以在我們心中延續。

在拉灣古打新村裡，曾經有一個很著名的樂團，他們名叫「友誼樂團」。

有很多牛的鄉下

「當麗蘭告訴我們，『務邊是一個鄉下，什麼都沒有』的時候，我腦子裡想到可能會看到很多牛在路邊。」這是溫茹回顧她兩個在務邊度過的暑假。其實，我說「什麼都沒有」，是相對於這些大學生所熟悉的城市生活環境。儘管在新竹的清大，校門外雖然也只有一條街，讓學生填飽肚子，但至少便利商店、二十四小時的快餐店林立，隨時滿足他們的需求。

所以我每一年培訓志工時，都不厭其煩地先為他們打預防針，一方面讓他們先做好心理準備，另一方面也是希望他們在當地有機會好好地享受不一樣的生活。近十幾年來，出國當志工漸漸形成一股潮流。大學社團、課外活動組、民間團體等都有大大小小、長長短短、各式各樣的服務團隊到世界各地去。清華大學的國際志工團算是比較特別，不僅需要自行設計服務計畫，還要自行募款，服務時間也最少一個月。這樣的設計無非是希望參與的學生能在過程中，得到各式的經驗。

在我當領隊的這些年，最常被問的問題就是：「馬來西亞不算很貧窮，為什麼要到當地去服務？」大家一聽到馬來西亞，不會想到要去當地當志工。坦白說，一開始我不曉得要怎麼回應這樣的疑問。直到在務邊服務的某一天，當天的行程是要到務邊鎮外的新咖啡山新村做採訪，腳程大約是四十分鐘。路途上，烈日當空，雖然大夥兒已經戴著草帽，但是熱氣還是凝結在空氣中，彷彿置身在一個巨大的烤箱中。

突然，有人大喊：「Seven！」一個熟悉的「7-11」標誌出現在前方一小排店屋中。原來是台灣人最熟悉的便利商店。大夥兒彷彿著魔似地眼神直直盯著這間唯一的便利商店，腳步不自覺地開始加快，往便利商店的方向前進。現在回想起來，當時那幾個人像是中了某種南國神祕的蠱惑，或者像電影裡盲目的喪屍一樣，只不過這次的目標是大家熟悉的「小七」。

我還記得，當天他們一行人，在這間馬來西亞風味的小七來來回回逛了差不多四十分鐘。最後實在沒時間再讓他們耗下去，我才催促他們離開。一行人依依不捨地拿了一些零食去結帳，走出門時竟然說：「我想家了……」什麼？來到務邊已經兩個禮拜，平時打打鬧鬧的這群大學生，也沒聽過他們說想家、想念台灣，結果竟然因為一家小小的「小七」而全軍覆沒？

曾幾何時，便利商店已經成了這個世代心中的台灣了？

後來，我才領會到，國際志工服務的其中一個意義，不在於地方的遠近，而在於體驗新的生活，拓展視野。常常說到「拓展視野」似乎太籠統，講白一點就是：「到一個陌生的地方，過一種陌生的生活。」因為唯有這時候，我們沉睡的思維才會甦醒，我們怠惰已久的感官才會重新啟動。如果認真體會的話，我們或許就能夠了解「原來這世界上，有人這樣過著生活」，進而重新思考固有的框架和限制。

而我們清大的學生志工團，更是強調「長期」待在服務地點，大約一個月的時間，才能夠比較深入體會當地人的生活。我還記得有一年，一個學生志工到當地才五天，有天晚上，她坐在民宿客廳，眼神渙散地說：「我好想念城市喔！」那個當下，我才突然發現原來我們平時生活在「城市」而不自知啊！

其實，更早以前，在3G甚至4G網路沒那麼普及的時候，城市和鄉下的距離更大。第一年在務邊時，因為工作的需要，我們買了「貴鬆鬆」的行動網路機，結果，到了當地竟然沒有訊號！原因是附近沒有搭建訊號發射塔。那時候，感覺上才是真正的「鄉下」啊！而現在網路幾乎滲透到各地，我覺得實際上已沒有城市和鄉下的距離了。

當然，台灣或許真的太便利了，只要一離開台灣，很多地方立刻一秒變「鄉下」。而所謂的鄉下，說穿了也就是沒那麼多間便利商店嘛！

除了便利商店外，生活和飲食習慣也會受到很大的衝擊。國際志工團在國外面對最主要的問題就是飲食。一方面因為當志工，飲食上要簡單、便利但也兼顧健康與安全。我們每一年都會帶著贊助廠商所提供的三合一飲料，例如奶茶或巧克力飲料來當早餐，只要煮個熱水沖泡就解決了。

有一次我注意到其中一位團員晴雯早上只喝白開水，職責所在，當然要上前關心一下到底是怎麼一回事。結果她說：「在台灣我從來沒喝過三合一的飲料，我都喝鮮奶。」媽呀！這回應簡直嚇壞我了！「沒喝過三合一飲料？」不過想想，近年來台灣鼓勵健康飲食，很多加工品被認為不宜過量攝取，其中首當其衝的就是奶精粉。所以，我想晴雯的例子雖然極端了一些些，不過倒也反映出台灣的飲食趨勢。

到國外當志工，對這些學生來說，最大的困難反而是

務邊和其他很多百年老鎮一樣，有著漂亮的老建築。

生活上的不同。不僅是不習慣三合一飲料，在當地也因為沒有那麼多便利商店，所以鮮奶也不像台灣一樣那麼容易取得。

因此，每一年在「鄉下」服務結束後，我們離開「鄉下」到吉隆坡去，大夥兒立刻衝到飯店旁的便利商店，一把拿了好幾盒鮮奶，一結完帳，當場就咕嚕咕嚕地把鮮奶嗑光。看著他們滿足的神情，我想，這可能就是那一句老話「失去了才知道珍惜」吧！

來到鄉下服務，我們看到最燦爛的笑容。

8697還是5478？馬華新村裡的達文西密碼

「我想要加入馬來西亞志工團，因為馬團是去收集文化和歷史，做文化保存的工作，很有意義。」每一年志工團招募新團員時，都會聽到這樣的評論和心得。然而，要收集什麼文化？什麼歷史？卻是要到了當地才會知道的。

剛到務邊之後的一個午後，烈日當空，大夥兒吃過午餐之後，戴上草帽、穿上防曬外套，擦上兩三層的防曬乳液之後，浩浩蕩蕩出發到新村去，要去採訪當地人的故事！去收集新村的歷史！去保存華人的文化！

「那時候，我感覺自己是所向無敵的步兵，好像是去拯救瀕臨滅絕的文化。」

「我想像村民應該會很歡迎我們去，把一堆堆的資料從保險箱裡搬出來，讓我們寫、讓我們採訪。」

「他們看到我們去收集歷史資料，應該會感動得痛哭流涕吧?!」

這些都是我們學生志工到當地前的想像，坦白說，也是我自己第一次到當地前的幻想。畢竟就我所知，馬來西亞華人社會一向被認為是注重歷史文化保存的民族啊！「再窮不能窮教育」這一類的口號我可是從小聽到大的呢！

可是，就在這個午後，以及之前的每一個下午，當我們走進新村之後，都感覺怪怪的，就是，整條街道幾乎沒有一個人。具體一點的說法是，幾乎沒有人走在街道上，連一般的茶餐室也門可羅雀。咦，怪了！

不是說老人家都喜歡在茶餐室裡喝茶聊天看報紙嗎？不是說鄉下村子裡大家都感情融洽嗎？不是說華人新村文化瀕臨滅絕嗎？那人呢?!至少也要有個人來接受訪問吧？

「老師，怎麼都沒有人啊？」Sabina 是歷史系的學生，臉上常常掛著大大的笑容，也是少數不怕馬來西亞太陽的女生。看著她熱切的眼神，我無言以對。突然，我們看到在新村一處一間不起眼的房舍外，停滿了摩托車和腳踏車，目測大約有二、三十台喔，感覺裡面很熱鬧。這樣的場面，我們又怎麼能錯過呢？

「走！就是那裡了！」我們就像在沙漠中突然發現遠處的綠洲一樣，精神幹勁都來了。走近一看，原來是一間沒有名字的茶餐室，村民幾乎都聚集在這裡，有男有女、有老有小，坐在茶餐室裡，圓桌上放著幾杯涼茶。但是大家也似乎不是在喝茶聊天，但是卻對突然闖進去的我們紛紛行注目禮。其實在這裡的幾天，被村民注視也不是新鮮事了，畢竟我們就是外人，而且還是「外國人」，這幾天村民已經都慢慢習慣我們的存在了，但是這間茶餐室裡的人，眼神特別不一樣。哪裡不一樣，我一時之間也說不上來。

「你們要什麼？」一名貌似老闆娘的人問我們。

「額額……有賣 100 號嗎？」學生支支吾吾，既然是茶餐室，點杯飲料總該可以吧？100 號是馬來西亞很熱門的飲料，類似有氣泡的運動飲料，在酷熱的大熱天喝下去，簡直就是消暑聖品。曾經有一位學生志工結束服務後，特別買了兩打帶回台灣！

「這裡用還是打包？」

「這裡喝。」我們還是壯著膽，坐下來了。

我們故作鎮定地坐下來，有一搭沒一搭地聊天。後來飲料喝完了，我們也就先離開了。在準備付錢的時候，才發現老闆娘手上握著很多鈔票，而且不同的人會用一些數字在跟她說話，一邊用五塊錢、十塊錢地付錢給她。

到底是發生了什麼事呢？隨後我們帶著這個疑問去問其他比較熟識的伯伯，才知道我們誤闖進了一個類似簽樂透的地盤。伯伯還隨手拿出一本大伯公手冊，翻開一看，是人生中可能遭遇的各大小事情，都上了特定的編號，例如：小孩打架是 092、賣油飯是 093、收買瓶子是094，還有跟生活環境有關的，例如：母雞帶小雞是119、兜風是108，當然還有跟早年生活有關的，例如：砍柴是090、買鹹魚096等等。

就算到了現在，很多人還是會依照這個生活指示去簽樂透號碼。我們還遇過一位自稱沒念過書的伯伯，他其中一份工作也是當簽樂透的仲介，我隨口問他「結婚」、「訂婚」、「跌倒」、「撞車」、「生小孩」等人生中的各種階段和遭遇，他都可以馬上給我一組數字，彷彿這些數字已經深深烙印在他的腦海中，隨手一抓，都是各種數字連結的人生風景，

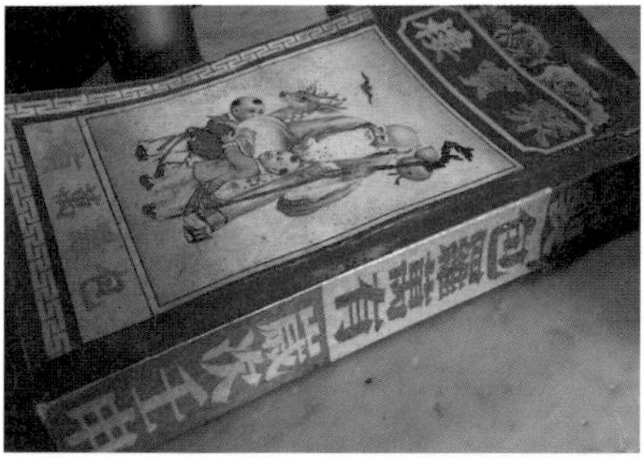

以前家家戶戶皆會擁有這一本萬用書，封面就寫著「包羅萬有」。

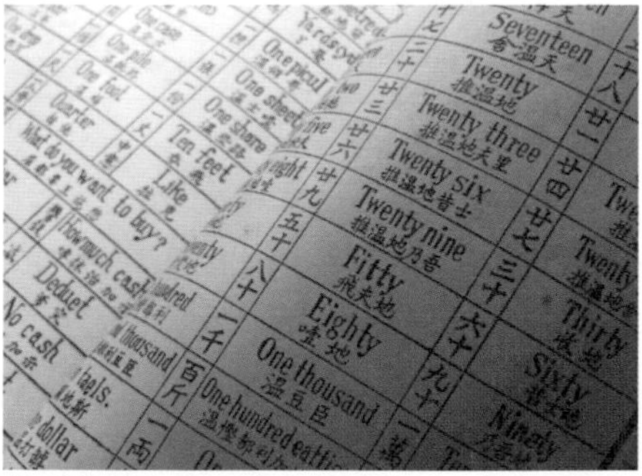

萬用書的內容涵蓋生活中大小的事物，包括良辰吉時、各種節氣、農事資訊、百草藥方，甚至是英文單字，非常有趣。

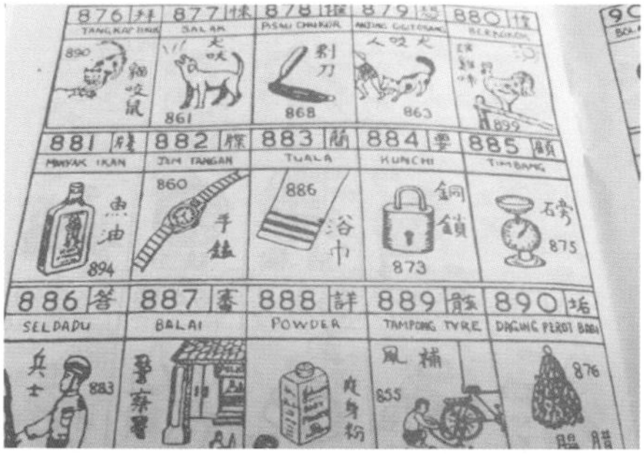

伯公手冊裡人生中大大小小的事情，都有特定的數字對照。

實在讓我嘆為觀止！

後來，跟一些叔叔伯伯比較熟識了，他們才向我們透露，其實還有很多類似的簽樂透中心隱身在新村裡，有一些是賭馬的，一些則是打麻將。本著人類學的田野調查精神，當然是想要一窺究竟，但就是沒人願意帶我們去。而談到新村裡的這些日常活動，村民總是有一種「你怎麼會知道！」的表情，再伴隨著詭異的微笑，似乎這樣的事情不應該讓外人知道。

這讓我想到曾經閱讀過的馬華研究文獻中，提到馬來西亞華人社會菁英曾經說過，馬華社會應該要「去蕪存菁」，把好的文化留下來，把不好的文化「去掉」。當時年輕的我很納悶：怎麼「去掉」呢？然而，現在比較年紀大了，漸漸明白所謂「好的」文化、「不好」的文化，是需要做更多的討論來釐清的。可惜這樣的空間、類似的討論並不太多。

「老師，他們在做什麼？」希望下次我的學生再問我這樣的問題時，我能用更寬廣的視角來回答這個問題。或許文化中沒有真正的「蕪」或「菁」，我們能夠做的，是把我們看到的、體驗到的、聽到的，先記錄下來。因為這是一群人真正活著的軌跡。

永遠的海南咖啡店：瓊美

「滴滴滴……」清晨四點鐘，手機鬧鐘響起，房門外開始傳出一些腳步聲、刷牙聲和抽水馬桶沖水的聲音。這一天清晨，我們跟新咖啡山新村一間傳統老咖啡店「瓊美」老闆約了要去拍攝紀錄片。四點半，紀錄片組一行五人，小心翼翼地打開大門，騎上腳踏車，頂著清晨的涼風，往大約兩公里外的咖啡店騎去。

「田野調查就是當地人做什麼，我們就做什麼。他們吃什麼，我們也跟著吃什麼。」這是我經常跟學生志工耳提面命的工作準則。我們的服務是文史典藏，使用的方法是田野調查，或者說「參與式觀察」，既要參與，也要觀察。這是人類學主要的研究方法之一。對於理工科為主的學校或學生志工，還要再用白話一點的說法，他們才比較容易理解。

所以，當瓊美老闆告訴我們說，他的一天從清晨四點多就開始，我們只要起得了床，清晨就可以開始跟拍。對於習慣當夜貓子的大學生來說，平常可能凌晨四點才剛要去睡覺呢！

「這個時刻，會是你們志工服務過程中，印象最深刻的事情！回去之後，你可以跟別人分享這個難得的經歷啊！」為了提振士氣，我只好鼓勵大家，並強調這是田野調查最美好的一刻。但實際上，我自己也睡眼惺忪。

差不多十五分鐘之後，我們來到這間海南咖啡店——瓊美。「瓊美」這個名稱，其實當地人一看就知道是海南人開的店，因為瓊州其實是海南省的別稱。過去中國沿海地區的華人分次下南洋，當然包括海南省的前輩。我自己的爺爺奶奶，就是從海南省坐船到馬來西亞的。所以，當我在新咖啡山新村，這個以客家人、廣東人為主的村子時，感覺特別親切。一定要拜訪，並嘗嘗「家鄉味」。

看到這間海南人的店，我覺得很親切，因為海南人這個身分，在台灣是比較少見的。在台灣，頂多在自我介紹時說自己是馬來西亞人，有些時候遇到一些人，會繼續問下去：「馬來西亞哪裡人？東馬還是西馬？」唉呦，這時

瓊美咖啡店開在新咖啡山新村非常不起眼的一排矮店屋裡，一不小心就錯過。

候就會說這個人有概念喔！還知道東西馬。但是這樣的機會當然是比較少的。在台灣，如果說是馬來西亞人，大部分人會說：「喔，曾經去旅遊過。」「天氣很熱」。也有一些人會說，以前的大學室友或同學是馬來西亞人。這就是他們的馬來西亞經驗了。

海南人的身分很特別，但是在台灣變得不那麼特別了。可能是因為很少海南人在台灣。說到這些籍貫，其實滿有意思的。在馬來西亞的華人，還會再細分哪裡人，例如廣東、福建、福州、海南、客家、潮州等。馬來西亞的電台還會播方言或者家鄉話新聞呢，不時會聽到潮州或客家新聞，當然其中大宗是福建人和廣東人。所以就算不是福建人或廣東人，基本上除了會說中文（華語），大部分也會說福建話和廣東話，當然香港和台灣的流行文化也影

來到瓊美咖啡店，必點海南麵包配咖啡。

老闆說：「招牌已經有了，我們只要打開門就有生意，為什麼不好好地做呢？」

響了當地的語言。題外話，從我小時候一九八〇年代開始，華人幾乎都是聽台灣的流行歌曲、看瓊瑤小說，同時每天追港劇。這是為什麼很多人對香港和台灣的文化不陌生的原因。

我還記得第一次到瓊美，看到老闆微微駝背的身影，拖著腳步在相當老舊的店面招呼客人。這間海南茶餐室，就像馬來西亞其他的茶餐室一樣，老舊斑駁的牆面，卻散發著古早的味道。一進門，我立刻大聲用我唯一會的一句海南話跟老闆打招呼：「蘇支囊。」（自己人的意思）老闆高興地跟我這個同鄉握手，我感覺他粗糙溫熱的、還有點濕濕的手。這雙手，泡了幾十年的咖啡啊！

「我想要拍瓊美咖啡店。」我們紀錄片小組的同學對這間咖啡店情有獨鍾，最主要的原因是「東西很好吃」。這理由直白了一點，我還記得我當場請學生再想想，為什麼要以這間咖啡店為主角。意思是，希望他們說出更偉大、更有深遠意義的理由。但是，後來拍的過程中，我才發現這個「好吃」一點也不單純，因為一間店可以永續經營，當中絕對有祕訣。

當天從清晨四點多開始，我們就跟拍老闆一天的作息。五點鐘後，老闆娘也開始準備各式餐點，大約六點天才剛亮，老闆娘把鐵門拉開，桌椅擺出來，已經有顧客陸陸續續來店裡買早餐。瓊美賣的是咖啡，但也賣其他的食物，例如炒麵、椰漿飯等。不過海南咖啡店，最拿手的當然還是咖啡。在馬來西亞的華人咖啡店叫做 kopitiam，是馬來文 kopi（咖啡）加上福建話「店」，就變成了富有馬來西亞風味的名稱了。而很多海南人剛到馬來西亞的時候就是泡咖啡的，所以大家認為海南咖啡店的咖啡最好喝。除了咖啡，還有另一種點心，是在咖啡店必點的，那就是「咖椰麵包」。「咖椰」（kaya）是一種由雞蛋、糖和椰漿攪拌燉煮而成的麵包塗料。將麵包烤得酥脆後，一面塗上咖椰醬，另一面塗上冰過的牛油（奶油），趁熱吃有椰香味和牛油味，兩者互相結合成特殊的風味，我稱之為「冰與火的滋味」。

就這樣一直忙到下午五點，終於送走最後一組客人後，瓊美老闆娘才把鐵門拉上。而老闆正在整裝，準備到二十分鐘車程外的麵包工廠，親自把麵包載回來。其實，要等麵包工廠把麵包送過來也可以，不過老闆的理念是：「我耗費時間、汽油、精力自己去把麵包載回來，這樣我提供給顧客的，是最新鮮的麵包。這就是我的品牌經營之道。」在老闆身上，我們看到職人精神的專業和堅持。

服務的最後一晚，我們在社區辦了露天紀錄片展，也邀請老闆來看。他一邊看一邊熱淚盈眶，上台致詞時也一直感謝我們把他的故事拍下來。當時我想，如果我們沒去拍攝，這些他們習以為常的日常生活就不會被看見了。兩年後，我們再相見時，瓊美已經徹底翻新，變成明亮、稍有設計感的新穎咖啡店。可能老闆經歷拍攝紀錄片後，發現應該要把「瓊美」精神傳給下一代吧！

我很喜歡台灣，但是台灣不喜歡我……

「你很喜歡台灣，但是台灣不喜歡你。」這一句話，改變了阿君姐的一生。

事隔將近二十五年，阿君姐老公小李說起這件往事，還是記憶猶存。一九八〇年代，全球錫米價格低落，導致馬來西亞經濟陷入低迷，許多人到國外去打工，有點類似最近很流行的「打工旅遊」。只不過當時，只有打工，沒有旅遊。當時許多馬來西亞華人會選擇到台灣來打黑工。阿君姐和小李就是在這樣的方式下相遇、相戀到結婚。

當我們在務邊拉灣古打新村亂竄時，一直聽到有人說：「我們這邊也有台灣來的喔！」原來是多年前嫁到拉灣古打的台灣媳婦。拍攝紀錄片的佑珊很興奮，一方面是她還沒找到拍攝題材，另一方面，「從台灣來的」這句話好像有某種魅力。於是我們騎著腳踏車，跟在一位騎著摩托車的鄉親後面，在拉灣古打房舍內彎來彎去，終於在一間一樓平房前停了下來。由於已經是新村內陸，所以杳無人煙，風景很優美，還可以眺望遠處廢棄的礦湖。

來自台灣的阿君姐在住家開了一間家庭式理髮廳，其實就是在住家旁邊再建了一間小工作室，裡面就是一間麻雀雖小、五臟俱全的理髮廳。問起為什麼會嫁到這個狗不拉屎、鳥不生蛋的地方，阿君姐回憶起二十多年前，在台北忠孝東路上的理髮廳與老公小李相遇，當時她在理髮廳工作，老公則是「跳飛機」，與朋友一起到台北的一間餐館工作。兩人工作的地方間隔不遠，透過朋友介紹認識後，漸漸發展成為情侶。當時甜蜜的生活，從一張張照片可見一斑。阿君姐當時還是花樣年華，有點嬰兒肥，開心地擁抱著小李合照，不知道命運的改變就在轉角處。

「老師，什麼是跳飛機？」佑珊聽到小李說到台灣跳飛機，低聲問我，我才發現這用字可能源自香港或廣東話。「跳飛機」是指到國外去打黑工。馬來西亞華人有相當悠久的跳飛機歷史，始於一九八〇年代，華人賴以為生的錫礦業因為全球錫米價格崩盤，頓時失業。當時馬來西亞的經濟仍然不好，許多人在逆境中自行摸出一條血路，到美國、澳洲、英國等地，以旅遊之名，逾

阿君姐家住在拉灣古打新村裡，家門前就可以眺望到遠方的高山。

期居留，在當地打黑工，台灣和日本也是當時許多人的首選。

畢竟是逾期居留，在台灣打黑工時要特別小心。有次阿君姐和小李去ＫＴＶ唱歌遇到臨檢，一查之下，因為逾期逗留了，因此必須被遣返。為了繼續留在台灣，和台灣人結婚成為了唯一的選擇，兩人很快地決定，在路邊隨便買了兩個戒指就去公證結婚。還以為辦了結婚應該就可以安心居留了，但是在辦理居留簽證的過程中，小李因為曾經逾期居留，要再申請簽證，可說是希望不大。當時阿君姐已經懷孕，小李低聲下氣請求移民官網開一面，不惜告白：「我很喜歡台灣。」但移民官一句話，幾乎讓小李絕望了：「你很喜歡台灣，但是我們台灣不喜歡你！」

講到這裡，小李默默地低下了頭。他似乎到現在還是不明白，為什麼當他用盡一生的勇氣，告訴一個陌生人：「我愛台灣」的時候，得到的竟然是這樣冷漠的回應。二十多年過去了，台灣現在還會對他們不喜歡的外國人說這樣的話嗎？可能，還是會。我自己在十八年前到台灣念大學，但是當時的大學環境似乎也瀰漫著一絲絲「排外」的感覺。例如：「你是僑生？那麼一定是加分進來的喔！」當時台灣開始到東南亞「招募外籍新娘」和外籍勞工，所以社會上大家對於東南亞似乎一直存有「貧窮、落後、未開發」的偏見。一直到現在許多歧視性的政策仍然在實施中。

就這樣，居留簽證是沒有希望了。要過一個遠距離婚姻，還是跟隨小李到馬來西亞去呢？成為了阿君姐人生的選擇題。「嫁給了他，就跟著他吧！」阿君姐毅然決然的，跟著小李來到拉灣古打這個小鄉村。「當時沒有想過這麼困難！」這些年來吃的苦，完全反映在阿君姐的身材上。曾經豐潤的她，如今身材瘦小，皮膚黝黑，說起話來也完全是馬來西亞口音，如果不說，真的很難相信她來自台灣。

雖然是華人新村，但是當時的拉灣古打華人，講的是廣東話和客家話。在這樣語言不通、飲食的隔閡，加上思鄉的情緒，阿君姐說：「我每天都在哭！」直到女兒出生成為她的精神寄託，情況才漸漸好轉。不輕易服輸的阿君姐穿梭在新村裡，每段對話都是她的教科書，在這個環境下練就了流利的客家話和廣東話。阿君姐回首過去二十幾年的歲月，沒想到就靠著過人的毅力和堅持，撐了下來。

獨自一人生活在異鄉，是一個難以想像的經歷。我自己也是結婚後留在台灣，特別能感受到那種孤立無援的感覺。「就算吵架，騎車出去晃晃一圈就回來，也沒有娘家可以回。」阿君姐聳聳肩，似乎早已習以為常。但是我知道，這一定是默默吞下多少淚水的經歷。阿君姐也一直保持樂觀、刻苦。小李在馬來西亞工作不穩定，她就在住家旁開了理髮廳賺些外快，還可以一邊顧小孩。

台灣近年來有很多照顧外籍配偶的政策，然而馬來西亞一直沒有類似的政策，甚至可以說對外籍配偶相當不友善。所以，像阿君姐早期就嫁過來馬來西亞的，更是孤立無援，凡事都要靠自己。身為家中老么，阿君姐原本對料理一竅不通，在拉灣古打定居之後，為了家庭、為了小孩，開始積極學習做菜烘焙，蒐集報紙上的食譜，或向別人請教，馬來西亞的特色菜餚，例如咖哩雞、甜點蛋糕，都難不倒她。

紀錄片拍攝完畢，我們在阿君姐家飽餐一頓。她的幾個孩子對於這一群來自台灣的學生所拍攝的紀錄片也很有興趣。透過紀錄片，他們才發現媽媽的某一面，是他們從來不認識的。在當年，毅然決然來到陌生的地方展開新生活的女人，要有多大的毅力和決心，才能撐到現在？看到阿君姐在廚房忙碌的身影，我感嘆：台灣的女人，真不簡單啊！

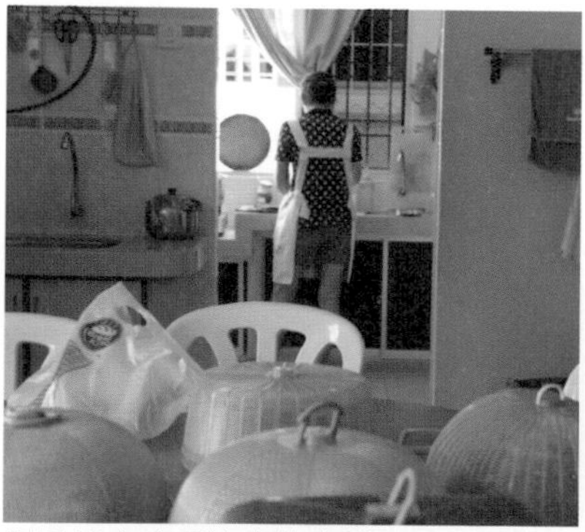

阿君姐在廚房忙碌的身影。

我們在阿君姐的理髮店拍攝她的生活，製作成一部紀錄片。

百年中藥行裡的媳婦：用美食掙脫自己命運的潔姐

「如果我有機會出國，我一定要到台灣去看看。台灣的刈包到底是什麼味道？」潔姐用堅定的語調說著，回頭又忙著抓藥、秤重、打包。但臉上的笑容，宛如一朵盛開的紅花。在小小的中藥行裡，她跟著丈夫老胡顧店、守店，每天從早上九點開始，忙到下午六點左右，才把鐵門拉下來，下班回家。日復一日的生活平淡無聊，放在櫃檯的那台小小電視機，是她每天的精神糧食。訪問的這一天，她剛好正在收看她最喜歡的節目——台灣的料理節目。

務邊小鎮的余廣街上，豎立著兩排老舊的店屋，有電器店、雜貨店，和這一間小小的中藥行。如果不留意，很容易就錯過。店面門口上方的招牌，破破舊舊的，寫著三個字——杏生堂。一問之下，才知道這間中藥行已有一百多年的歷史，第三代老闆老胡已接手三十多年。老闆的爺爺從中國南下到馬來亞（西馬在馬來西亞獨立前的名稱）時，原本只是做一些進出口中藥材的生意。大約一九三〇年代，到了第二代父親這一輩，慢慢轉型為中藥行，適逢當時礦工人數多，有很多中藥的需求，因此生意越來越好，這家店就在務邊鎮上扮演著「醫生」的角色，為礦工抓藥，一直維持到現在。而潔姐就是第三代老闆的賢內助。

認識潔姐是一個奇妙的過程。我們連續三年暑假在務邊服務，每一年遇到的人都不太一樣。我記得第一年我們就住在潔姐這間中藥行的正對面，當時我還經常到這間「雜貨店」買一些煮湯的材料。說是雜貨店，是因為越來越多人直接到西醫診所看病，中藥行漸漸沒落，為了維持生計，通常也兼賣其他生活用品，搞得最後整間中藥行除了傳統的百眼櫃外，幾乎都放滿了各式生活用品，從餅乾、汽水、麵粉、糖等無一不全。

所以第一年在務邊時，因為方便，我都會到潔姐的店去買一些日常用品。還記得有一次我特別請教老闆娘怎麼使用那些材料。可能緣分還沒到，那一次沒有機會深聊下去。到了第二年，當我們紀錄片小組在街頭亂晃的時候，就這樣晃進了這間中藥行，才遇到了潔姐。因為潔姐對台灣的食物如數家珍，紀錄片小組決定拍攝這位老闆娘的故事，還打算把她包裝成「務邊的美廚娘」。

潔姐平時除了幫忙顧店外，最大的興趣就是烹飪。從馬來西亞的傳統風味菜，到中華料理如刈包、月餅等，以及烘焙類的點心、蛋糕等，全部難不倒她。她以美食跨越國界，自在翺翔。她特別嚮往台灣的美食，因為經常在電視上看到的，都是台灣的美食節目，沒有機會品嘗的她，只好看著電視上的師傅怎麼教，依樣畫葫蘆，久而久之把功夫都學起來了。

拍攝紀錄片的這一天，潔姐在屋齡一百多年的老房子的灶腳，決定做拿手的炸豬排讓我們拍攝。隨著「滋滋」的炸豬排聲音響起，濃郁的香料味瞬間充盈廚房。紀錄片四人小組拍攝完畢後，便坐在店面後方的小餐桌上大快朵頤。每一位媽媽幾乎都有一兩道拿手的好菜，但潔姐是每一道都是拿手好菜，只要經過她的手做出來的食物，都非常好吃。結婚之後，就忙著張羅小孩和協助中藥行的生意，烹飪可以說是潔姐的情緒宣洩口，是她壓力得以釋放的地方。

拍完店後方的畫面，我們就轉戰到她位於怡保的家中。得知我們要記錄她的生活，她很是開心。這一天準備做台灣著名的刈包。走進三層樓的住家，一樓客廳和飯廳雖然和常見的馬來西亞華人住家沒太大的差別，但是卻有一間開放式廚房，空間非常大。潔姐正是因為這個廚房而買下這棟房子。也算是辛苦大半輩子送給自己的禮物。

「燈打開……準備三二一，開始！」

「各位台灣的朋友大家好，我是潔姐，今天我要做的是台灣最有名的刈包，但是味道可能跟台灣的不太一樣。首先，我們先從做包子的麵粉團開始。」

導演一說開始，潔姐就像專業的廚師在錄製美食節目，一邊講解一邊做，雖然已經晚上九點，顧了一整天的店，她仍然不嫌累。一步一步地把刈包做出來，最後蒸出來的包子冒著香氣，我們夾起一片紅糟肉片，夾進荷葉邊的包子，撒上花生粉和香菜，一口咬下去：

「哇！好吃！」

拍完潔姐做菜的過程，回到務邊已經是晚上十一點了。正在輸出素材時，紀錄片導演玟伶問我：「他們為什麼對我們這麼好？」我愣了一下。的確，我自己曾經好幾次到中藥行買

在潔姐家廚房，拍攝她製作台灣刈包的過程。

務邊美廚娘潔姐，任何美食都難不倒她。

東西，卻也沒機會跟老闆或老闆娘有更深的交流，更別說被邀請到家裡作客。

「可能因為你們是台灣人吧？」我當時想了一圈，只能夠給出這樣的結論。但是後來想想，這樣的結論似乎簡化了一些事情的始末。我們習慣對外人比較熱情，那是自然的事，再加上馬來西亞華人普遍上對台灣都不陌生，尤其近年來拜網路和通訊軟體所賜，許多資訊幾乎可以說是毫無時差地從台灣直送到馬來西亞，甚至是在務邊這樣的小地方。

學生志工在馬來西亞一個月的服務，深入體會多元文化生活。

有機會來到務邊鎮上這一間百年歷史的杏生堂，除了買藥材之外，還可以向潔姐請教各種料理的食譜喔！

「聽說台灣有很多很好吃的小吃？」這是我們在務邊閒蕩時最常聽到的問題。台灣人本身對於台灣小吃可能有些麻木，通常都不知道怎麼回應。此外，馬來西亞人對台灣文化、美食甚至政治的了解，也常讓台灣人感到很驚訝。「所以啊，我說你們出來就代表台灣，可不是亂說的。」當地人對我們很友善的另一個原因，就是我們需要收集文史資料，而最主要的方法就是訪談，也就是閒聊。所以，當這群來自台灣的學生志工開始跟對方閒聊，對方也會和我們交流。這是在地人或當地人平常不會做的事情，除非是有意識地在做報導或者資料蒐集。所以，我想，也不是馬來西亞人對外國人特別熱情，而是馬來西亞人本身其實就滿熱情的；如果遇到的是台灣人，因為語言相通的關係，就會變得更熱情！

這樣的經驗，往往也讓學生志工很有感觸。這些學生因為參與了我們的服務行程，回到台灣的家鄉後，也開始留意家鄉的訊息。過去不會特別注意自己家鄉的文化團體，回到台灣之後，似乎是長了新的眼睛，看到了家鄉的另一面。也有一些人學會了我們一個月「蹲點」的方式，深入社區、貼近人群，並參與當地人的生活。因為這樣，旅行變得不一樣了，不再是趕行程或盲目追逐打卡聖地，而是真真切切與當地人互動交談，深入當地，慢慢地生活。

而我，雖然已經離開務邊，但是務邊一直在我的心中。我一直記得務邊這個傳統純樸的小地方，那間歷史悠久的中藥行，有著一個嫁進中藥行的女人，她是怎麼樣每天被訓練如何抓藥、配藥，從完全一竅不通，到現在可以做到基本的抓藥材工作。在傳統的父權大家庭裡，她承受了多少的壓力，沒有機會做她自己真正想做的事。但她並沒有因此意志消沉，反而在夾縫中，為自己找到了生命的出口。

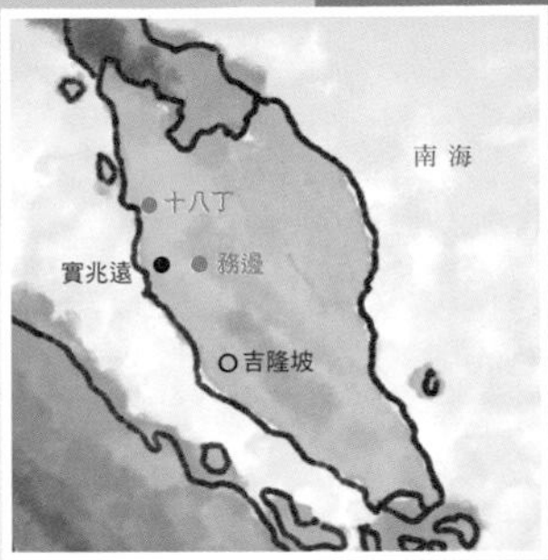

第二站／實兆遠

實在很遠的實兆遠

在馬來西亞眾多城市或鄉鎮中，實兆遠（Sitiawan）絕對是一個大部分人聽過但是不一定到過的地方。實兆遠距離首都吉隆坡二百多公里，是一個靠近曼絨河（Sungai Manjung）河口的小城鎮。實兆遠靠海的地方有一個港口，名叫紅土坎（Lumut），是通往西海岸著名旅遊景點邦咯島的重要港口。因此，對很多人來說，可能去過紅土坎，但是沒去過實兆遠。但兩地其實相隔不遠，只是知名度的問題。

目前吉隆坡沒有直達實兆遠的高速公路，因此這地方一直被吉隆坡人視為「實在遠」。如果同樣的距離放到台灣的話，大約是台北到雲林的距離，這樣一比較，就覺得相當「遙遠」了。不過這樣的距離在馬來西亞並不算遠，畢竟馬來半島從最北部的城市巴東勿剎（Padang Besar）到最南端的城市新山（Johor Bahru）距離大約是八百五十公里。而台灣的最北端，假設從新北市的富貴角燈塔，到最南端屏東縣恆春鎮的鵝鑾鼻，全長大約三百九十四公里。這樣一比之下，就可以知道兩個地方的距離感不太一樣。先生每次跟著我回家鄉，一出門動輒單程就要一個半小時，直呼感覺已經從台北到苗栗了，而且每天出門的路程幾乎都是如此。台灣前陣子流行一日雙塔，不曉得有沒有機會在馬來半島也來一場類似的活動呢？

話說回來，我們在務邊服務了三年之後，二〇一五年的暑假我們轉往實兆遠。為什麼來到這個地方，主要的原因是我們「依博物館而居」。還記得在務邊的文史工作收集告一段落時，剛好我手上拿著林連玉紀念館印刷的一份全馬民間博物館一覽表，我逐一檢視，先從霹靂州開始看起，除了我們已經知道的務邊文物館和懷古樓之外，霹靂州還有好幾個由社區人士自己建立的博物館。實際走訪後，我決定，下一個服務地點就是實兆遠墾場博物館了！

載著很多是第一次到馬來西亞的清大大學生的巴士，緩緩開在馬路上，看著手機上的google地圖以及GPS藍色小點，我知道我們即將抵達目的地。然而，博物館不是說在「林稱美路」上嗎？怎麼看google地圖上寫著「大馬路」（Jalan Besar），哪來的「林稱美路」呢？沒時間進一步探究，已經看到在大馬路左邊的白色建築衛理公會宣道堂。宣道堂是一座有百年歷史的基督教堂，建築風格很有特色，非常醒目。而我們的目的地——墾場博物館就在宣道堂的右邊。

身後的墾場博物館靜靜地站在豔陽下，我們面對著一條寬大、筆直的馬路，車子在路上飛快地奔馳，汽車喇叭聲畫破寂靜的午後。大巴士外似乎傳來陣陣樂聲，我們抬起頭尋找音樂的來源時，只見一群燕子飛過天際，遠方隱隱傳來喪葬隊伍的奏樂。眼前的這條路以宣道堂為節點向南北發散，往北直直走去，會到達實兆遠的市區「十字路」（Simpang Ampat）。路上新舊建築林立，而這條馬路就是「林稱美路」，是當地的教會組織用先人的名字紀念福州人在這塊土地的開墾。

來到實兆遠之後，我發現一個特殊的現象。舉凡我們遇到的人，例如麵攤小販、雜貨店老闆娘到茶餐室老闆，都可以精準無誤地，如同背誦史實一般，告訴我們實兆遠的歷史。

實兆遠其中一條最早開發的路，現命名為林稱美路。

故事是這樣的：一九〇三年，林稱美牧師等人帶領著三百六十三名福州人來到實兆遠開墾，是第一批來到這塊土地的墾民。所以，現在人們為了紀念這位帶著他們祖先來到實兆遠落腳的牧師，於是擅自將原本名為「大馬路」的路，改名為「林稱美路」。當然這舉動一開始並沒有受到官方的認可。

然而，面對這樣的處境，實兆遠居民以實際的行動表達他們緬懷林稱美牧師的決心，宣

據說當年祖先搭船而來的登陸處，可惜現在只剩下幾根支柱。

甘文閣新村附近的老式建築，讓人遙想當年祖先來到異鄉打拚的過程。

道堂的廖克民牧師說：「這麼老的街，又是我們最早期的華人管理的一個地方，假設我們用原本的華文路名，會有一種很親切的感覺。」於是他們就製作了五面用中文字寫著「林稱美路」的路牌，安插在沿路上的幾個地方，一直沿用到今天。所以，這條官方名字是「大馬路」、別稱是「林稱美路」的路，是實兆遠一個特殊的風景。我想這樣的作為是社區居民自覺和尋求自我認同最直接的一種方式。

「所以，這裡可以這樣自己改路名？」人文社會科學院的立晏，想必平時讀了很多世界各地底層人民抗爭的故事，這次親身體驗到「抗爭」模式的多元性。「其實對我來說也是新鮮事啦！」這樣的模式雖然我沒有真正見識過，不過在夾縫中求生存確實是馬來西亞華人的生存之道。所以，馬來西亞華人常常給人一種很靈活、很有彈性的感覺，這可是在艱苦環境下慢慢磨練出來的性格。

走在林稱美路上，可以看到在甘文閣新村（Kampung Koh）附近的老式建築、兩層樓的木造板屋，然而在有些老屋的旁邊，就豎立著新式的鋼筋大廈；在同一條路上也能發現紅磚牆上頂著上個世紀的瓦片屋頂，新與舊錯置著，構築出林稱美路的樣貌。這條路上的建築，從前大多是木造的，有一至兩層的木板屋。可惜二戰之後，許多房子被燒毀，或被白蟻蛀蝕，所以路邊偶爾還會看到一些老舊木造房子，棄置一旁，靜靜地矗立在林稱美路兩側。

一九八〇年代，土地政策改變。原本的政策是土地所有權與房屋所有權是分開的，新的政策主張產權合一，許多店家向那時的地主買下土地，成為真正的房屋所有人，居民的經濟狀況也逐漸富裕起來，水泥建築大量取代了木板屋。而因應新市鎮的開發，馬路的擴建工程使得一九九〇年代新建的屋子比過去的老房子往後退了好幾公尺。今天走在林稱美路上，可以看到有些房屋離馬路近些，有的則遠些，透過屋子的遠近，我們就可以推測它們興建的年代。

「林稱美路」像條歷史走廊，百年前福州人走過，而今天實兆遠的居民開著車來往著，這條路流傳著不同時間、不同人物的故事。地景會隨著時間改變，車子呼嘯而過，我們很容易錯過這當中的一段段故事。而我們選擇在這裡蹲點，才發現這裡的人精神依舊，他們是來自福州的三百六十三人的後代，住在這一條以林稱美牧師為名的路，往後將繼續向世人說著實兆遠的故事。

實兆遠的那幾條路

「這裡是哪裡？」

「三條路。」

「我們要去哪裡？」

「七條路。」

「蛤？」

這樣的對話，對非實兆遠人來說，是一連串聽不懂的「黑話」。但是，如果是道道地地的實兆遠人，一定知道在說什麼。每一個地方，都會有當地人自稱的地名。在不同族群居住的地方，同一個地方還可能有好幾種不同的名稱或說法。實兆遠特殊的地方在於，有幾個在其他地方找不到的地名，例如：二條路、三條路、五條路，甚至七條路。我們第一次聽到這些地名，非常納悶，為什麼會用這樣的名稱來取名字？那其他條路到哪了？

我們要到一個地方做服務之前，都會先在網路上拜訪谷歌大神做好基本功課。二〇一五年網路雖然已經很發達了，但是關於「實兆遠」的資訊還是很少。當時能夠搜尋到的只有「麵線」、「實兆遠的由來」等。所以，我們也只能夠用最土法煉鋼的方式，就是：蹲點訪談來深入了解這地方。我們把十二位學生分成了四組，分別是：史地、教育、傳統產業和多元宗教。第一組歷史地理組，首要任務就是把地理環境和歷史搞懂。結果為了搞懂這裡的地名，就用掉差不多一個月的時間。

「當初會這樣命名，是因為甘文閣這個地方早期是一片很大的農地。而大家開墾森林、開疆闢土時以甘文閣的農地為中心出發，這些路名是向內陸繼續開墾之後得來的名稱。」這

曾經是實兆遠發跡的中心地點十字路上的老房子。

是史地組在尋訪了不同在地人之後得到的結論。從當時最發達的林稱美路墾區為起點，開始數就是「一條路」、「二條路」，以此類推到「七條路」。所以，以這種方式來命名的地方其實總共有七個，但是其中「四條路」和「六條路」後來沒有發展成住宅區，埋落在現在的油棕園裡，而第七條路，後來變得比較繁榮，因此改名成愛大華（Ayer Tawar）。

有時候我覺得，田野調查的工作，乍聽之下很浪漫，其實就是在烈日之下，騎著腳踏車、戴著草帽、穿著長袖衣，到處去尋找新鮮事，看到有趣的事或許停下來問一問旁邊的人，可能有解答，可能沒有。接著，把一路上聽到的故事記下來。當筆記本寫滿了，可能一則故事就漸漸成形了。更多的時候，我覺得田野調查需要想像力！看著這熙來攘往的大馬路，誰會覺得這在一百年前，還只是一片農地？看著那些四通八達的柏油路，誰想得到以前只是一條泥土路，而且還是一條僅能讓踏腳車通過的小路。當時路上沒什麼明顯的路標、沒有街燈、沒有「谷歌」地圖，大家只好說：「我們待會兒就約在第三條路碰面。」於是，最方便、最符合人性的便利地名應運而生。往後這裡因為英國殖民政府的新村政策，分別在二、三、五、七條路都成立新村，並且把墾區的工人都集中到新村裡，一直到現在。誰會想到呢？這樣自然便利的命名方式，往後成為了歷史的一部分，尤其是華人在墾區開疆闢土的直接證據。

「地名就是歷史！地景就是文化！原本在教科書上或是論文上看到類似的結論，總是覺得好遙遠。但是，真正生活在其中的時候，才會知道論文上為什麼要這麼說！」夙婷也是人文社會學院的學生。參與田野調查工作是她加入志工團的主要原因。有老師帶著做田野調查，有夥伴一起到陌生境地去闖蕩，這是最美好、最難得的經驗。而最特別的還是透過「親身體驗」來學習，這是長久以來台灣教育現場所缺乏的。「實在太酷了！」夙婷又補了一句感想。

除了近代華人開墾史，實兆遠周邊地區的地名也記錄了英殖民政府在當地的治理。例如「三條路」這個名字已經更名為「格尼市」（Pekan Gurney）。因為在一九五一年時，三條路發生了一場大火，把村子裡的房子都燒了個精光，當時的英殖民政府欽差大臣亨利・格尼（Henry Gurney）便重建村子，後來大家為了紀念他，便把這個地方改為「格尼市」。雖然現在二條路、三條路新村不像七條路或十字路等地繁榮昌盛，但是傳統的新村房子裡還住著老人家，傍晚時分，總是會看到他們坐在家門前揮著扇子納涼，彷彿回到一九五〇年代的新村。

「我們今天騎到十字路耶！」亭昀和賀琦是搏命二人組，因為史地組需要南征北伐，每天一早九點出門，到下午兩點回來時，紅通通的臉頰旁是黏踢踢的頭髮，每一次發現新大陸後，他們的神情總是特別神采奕奕。十字路（Simpang Ampat）這個地方就像實兆遠的縮影，小小的交叉路口透露出這個小聚落的興衰。

十字路最早發跡是在一九一〇年左右，顧名思義，十字路就是有著十字路口的地方。會發跡的主要原因是絕佳的地理位置，四通八達，往北可抵達實兆遠港口，當初第一批福州墾耕者就是從這個港口登陸。現在這個港口已經沒落，只有附近一些漁村的漁民會使用。遙想當年，墾民從港口開始一步一步開墾，經過十字路後，再往南抵達現在人稱的甘文閣開墾；往西走會到達另一個港口紅土崁（Lumut），而從紅土崁出海，則會到達著名的海龜形狀海島——邦咯島（Pulau Pangkor）。

此後十字路的發展宛如雲霄飛車，受到環境的波動，在不同時代有不同的面貌。先是因為交通便利，當時英殖民政府便把很多重要公家機關遷到十字路，將這個地方的發展推

學生志工戴著帽子在大街小巷尋找故事。

向高峰。但可惜好景不長，一九四二年日本人入侵馬來半島，燒殺擄掠後封鎖了兩個港口，原本仰賴進出口的十字路，因為無法出口而逐漸沒落，大夥兒只能靠簡單的農務來維持生活。在一九八〇年代，馬來西亞最大的軍港在紅土崁建立，帶動了這地區的二度發展。但風水輪流轉，近年來因為紅土崁、邦咯島、斯理曼絨（Seri Manjung）等沿海地區快速發展，十字路這個四通八達的小中繼站發揮不了作用，漸漸失去了往日的風光。

原本也只是一個小小的十字路，但是對我們這些外地人來說，遊走在不同的商店間，聆聽著不同的人群對十字路的記憶，用微笑交換著故事。「你們會不會覺得這地方跟原本想像的不一樣？」其實第一天來到實兆遠，我就有點後悔。可能跟我想像中的「小鎮」差很多。「我反而覺得實兆遠這個地方，猶如蓋著一層面紗的神祕女子，只要多些好奇、多些時間，你會發現它的故事精采萬分。」亭昀若有所思地說著。

是啊！每一個地方不也都是如此？如果要說，我們文史典藏志工團到底在做什麼？意義是什麼？我想就是用最原始的方式，收集人的故事、地方的歷史，因為這些故事，是科技再發達、網路再順暢、搜尋引擎再進步，也未必聽得到的，惟你自己親自走一遭，才能親耳聽見。田野調查的工作，反而比較像是彼此交換著生命故事。

能夠有機會分享彼此的生命，這不就是世界上最浪漫的事嗎？

在實兆遠偶遇多元文化

台灣是一個多元的社會，也是一個移民的社會。很多人常常會忘記這一點。但是近年來，台灣社會已為近二十年、因為婚姻的關係而移居台灣的外籍配偶（特別是來自東南亞、透過婚姻仲介的配偶），正名為「新住民」族群。我雖然是自由戀愛而結婚，因為政策的關係，也被歸類為「新住民」。因此，近年來，除了進行語言和文化的教學，也非常關注台灣的多元文化教育。很多時候，我們都在倡導說，東南亞有很多地方值得我們學習。具體來說，到底是學習什麼呢？如果是馬來西亞，肯定的是：多元文化。

馬來西亞跟台灣一樣，也是一個多元文化交融的地方。在民間，人與人之間的相處無不充斥著多元色彩。例如，現在的實兆遠，只要走在林稱美路上，就會看到白色的基督教教堂，在教堂旁，是高聳的泰國佛寺。如果繼續往北走，在十字路之前，往右邊的小社區進去，會發現小巧可愛的錫克廟，錫克教是來自印度的另一種宗教。而到了十字路左轉後不久，會看到五彩繽紛的印度廟，廟塔上是各式各樣的神像，絢麗奪目。而在不起眼的小路旁，又會看到各種不同的華人宮廟。其實在大部分大馬華人的印象中，說到實兆遠，大都會知道最著名的景點是大伯公廟，一間有著高達十五公尺的大伯公雕像。而巧妙的是，要進入這個大伯公廟之前，會經過馬來村莊，在路邊就可以看到好幾座清真寺。

多元文化以宗教建築的樣貌展示在彼此的生活空間裡。儘管可能互動不多，但也是一個平和、包容的生活空間。這樣的和諧狀態，一直都是馬來西亞各民族引以為榮的特殊文化風景。這種融合的氛圍，其實很微妙。如果不是台灣學生來到馬來西亞服務後的回饋，我身為當地人，可能也不那麼容易發現，原來這是我們的特殊文化。

「我們今天走進清真寺耶！」說話溫溫吞吞的韋驛難得主動向我報告當天行蹤。「我們原本要去找大伯公廟，但是騎著騎著好像有點迷路，因為路上沒什麼東西，後來就看到這間清真寺。我們很好奇，就走進去。」聽到這裡，我的心一緊，眉頭一皺，接下來他們會不會被罵、被驅逐，以至於內心創傷？正準備好要開口安慰他們，結果他們臉上露出欣喜的表情。

「我們遇到一個馬來人伯伯，問他可以不可以進去參觀，他說沒問題！後來還跟我們解釋了很多伊斯蘭的東西。」隨後，韋驛把他們探訪的過程寫了下來，成為了我們在實兆遠田野調查的一個小記號。以下節錄一段韋驛的文章：

我們照著地圖上的標示，在前往大伯公廟方向的一個岔路上，發現了清真寺。因為它位在路口，非常明顯，附近還有兩三家馬來人的攤位，還有一間在樹下的雜貨店，由簡單的木板搭建而成，彷彿一個颱風就會被吹倒。（啊！對，老師說過這裡沒有颱風。）

很想走進清真寺看看，但未經許可我們不敢貿然進入，鼓起勇氣決定向周邊攤位的阿姨問問看，但語言不通，她們也無法告訴我們詳細情形。未料，熱情的阿姨卻在我們買了一袋食物後，又多送一大袋。接著我們前往前方的雜貨店探問，再次面臨語言的問題，但是那裡的幾位伯伯卻熱絡地彼此用我們聽不懂的語言在交談。我們聽不懂，只好站在那兒傻笑，準備伺機告別退場，結束這場邂逅。

未料，一位貌似二十出頭的年輕人從店面後方走了出來，原來熱心的伯伯特別幫我們找到了一位會講英語的年輕人。

"You are not Muslim, so you can't go into the mosque." 大哥說，因為非穆斯林的身分，通常不允許進入。這個結果也並非意料之外，反正我們也是碰碰運氣，只好在外牆拍照過過乾癮。正打算拍完照後就離開時，另一位伯伯忽然對我們說可以進來。

在十字路附近的印度廟是
印度人的信仰中心。

清真寺裡的大廳鋪著
地毯，上方是圓頂天
花板，吊著精緻的水
晶燈。

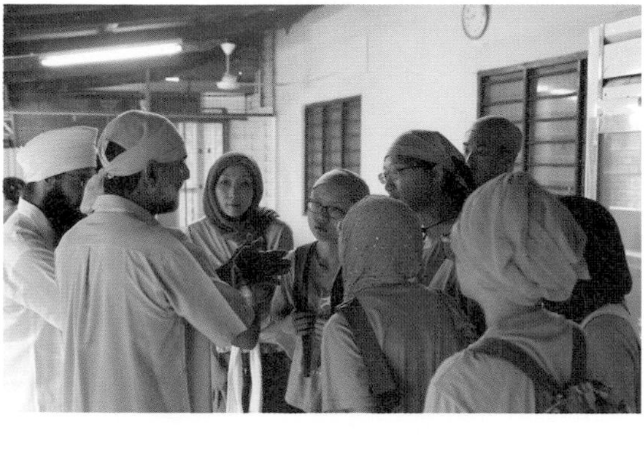

學生志工走進錫克廟了解
他們的宗教和文化。

"Camera is okay." 他站在清真寺前，朝我們揮著手。

雖然他這麼說，我們還是十分緊張，他說著這句話、又重複了幾次，示意我們跟著他進去。安哥的英文說得不是很流利，但他邊開門邊詢問我們從何而來，仍然努力地了解我們到底是誰、為何會對清真寺有興趣。就這樣，我們幾個台灣人屏氣凝神，緩步走進清真寺的禮拜堂。

我們腳下踩的不是冰涼的石磚，而是柔軟且舒適、遍及整個禮拜堂的地毯。室內的大廳空曠，沒有什麼擺設，僅有右側的一櫃可蘭經，與位於左側的屏風。再向前走個幾步，面對的是一個上方有圓頂的空間，正中心掛著一盞水晶燈，此地被八根柱子圍繞，應是整個禮拜堂的中心。四周的玻璃門，由各種不同色彩的方形玻璃構成，外頭的陽光在穿過這層玻璃後，透出的不是明朗熱烈的光線，而是使得空氣都凝結的莊嚴肅穆。

穆斯林將對信仰的虔誠，化為具體的行動，不僅建築如此，禮拜時的樣態也是如此。他們的宗教聖地所呈現那一體、神聖、寧靜的氛圍，留滯在周遭的空氣中久久不散。

當天晚上，我閱讀著韋驛所寫的文章，內心凝聚了奇妙的感受。如同她所說的，「我們幾個台灣人屏氣凝神，緩步走進清真寺……」我試圖體會他們當時的心情和感受，應該是緊張，但又有點期待和雀躍。這個感受和我們當地人（大部分的華人）似乎不太一樣。換作是我們，或許會緊張，但可能是比較偏向害怕的緊張感，害怕說錯話、害怕觸犯禁忌。這個又跟我們的生活經驗有關，例如舉凡談到伊斯蘭相關的事務，馬來西亞社會的氛圍還是比較謹慎小心，會努力維持著表面上的和平與和諧關係。

在帶領志工團的過程，我才發現自己少了台灣人的「好奇心」。對於到處矗立的清真寺，我視為理所當然，從來不會去想要了解裡面發生了什麼事。而華人社會對於「友族」的宗教禮儀似乎也不感興趣，當然也就很少開啟相關的對話或討論。這些年來，我自己帶著台灣的青年，用另一個角度來認識自己的故鄉，我才發現我們自己的盲點。我們對外總是標榜著馬來西亞人的多元文化，多語言的優勢，可是如果再細究下去，我們知道的到底有多少？除了一些老生常談的美食和節日，我們還知道什麼？

因為有台灣志工團領隊老師的身分，我必須硬著頭皮、鼓起勇氣去面對早就存在於我生活中的異文化。而這些年來，我一直認為，這群學生應該會從國際服務、從馬來西亞的各種人事物上有所學習。可是，仔細想想，我自己何嘗不是如此？我更應該學學這些年輕人，他們有著踏出去的勇氣、對多元文化的好奇和對公益服務的動力。

這才是所謂的「雙向交流」啊！

飲水要思源：實兆遠的水井和牧師樓

從二〇一三年開始每年的暑假，我都帶著清華大學的志工團，到馬來西亞的各個小鎮、村子去進行服務。年復一年，每次回想起這個過程，有滿足感、有快樂、有痛苦，也有所得。而我這七年來，也從一名少婦，到生了兩個小孩的媽媽，我和先生的兩人世界，變成四個人的小家庭。原本帶著學生衝鋒陷陣，後來變成抱著五、六個月大的嬰兒，一起陪著年輕人做服務。

我記得，剛開始帶著大學生，從企畫、構思、開讀書會、閱讀當地歷史、了解當地風俗和文化等等準備工作，我都嚴格要求他們要認真面對這件事。我們從二月開始，每一周都固定開會，每次開會都有各種事情要協調和討論，包括行政、活動企畫、贊助進度、各種簡報的準備等，直到七月出國，八月回來後再把服務成果寫出來、十月招新生，整個流程才算告一段落。其實這個過程非常累，因為他們同時要兼顧學業和課外活動，要上課考試交報告，但是也同時要處理各種出國服務的瑣碎事。在過程中，敵不過壓力而退團的也是有的。

為什麼要搞得大家這麼累呢？其實無非是希望讓我們的服務是有意義的。或許，一提到「志工服務」，大部分人就義不容辭覺得是「有意義」，很簡單地就把「志工」和「有意義」畫上等號。可是，我總覺得沒那麼簡單。因為意義是需要提煉出來的。而這個「提煉」的過程，就是每一個人真真切切去經歷、去感受、去動手做，然後再反思、檢討、討論。通常我們正在做的時候，並不一定會看到意義，往往是好幾年、事過境遷之後，再次回想、細細品味，才有可能提煉出我們做每一件事的意義，或影響力。

就像這一間在甘文閣被保留下來的墾場博物館，前身是牧師居住的房子，當地人稱「牧師

甘文閣很多地方還保留著古老的水井。

➤ 由牧師樓改建的墾場博物館，後來另擴建三層樓的新館。

樓」。當廖克民牧師提議要把牧師樓改建成博物館，並把前面幾個水井保留下來的時候，其實有些教友並不曉得這麼做的意義是什麼。

實兆遠最初的開墾中心甘文閣，是當初中國福州人來到馬來西亞實兆遠後，一步一腳印開墾出來的生活空間。當時的墾民生活困頓，房子是用簡單的木頭或木板拼湊成牆壁，以亞答子樹的葉子編織成屋頂，當地人都稱作「亞答屋」，在生活條件非常匱乏的情況下，咬緊牙關努力生存下來。

「墾民當時怎麼喝水？喝什麼水？」有一次，在清大召開的行前例行會議時，我拋出這個問題，問問在場即將要出發的台灣大學生。當時的大學生，是一九九〇年後出生的，在他們懂事的時候，應該已經是網路世代了，所以，對於這種生活基本需求的問題，我也不確定他們需不需要運用想像力，或者要把高中時代的歷史課本找回來？

每個地方都需要一個起源或傳說。而實兆遠甘文閣這個地方的起源非常有意思，就是「水井」。「這是個不怎麼需要想像力的答案嘛！」一個化學系的高材生呂紹安小聲地嗆聲，大夥兒吃吃笑了一下，倒也緩和了會議凝重的氣氛。

據說，在教堂和牧師樓附近開鑿的幾個水井，在當時被視為是人們的「生命泉源」。當時很多墾民會過來牧師樓前的水井取水，而牧師的角色就像是村長。村長家附近的水井最多，水質也很好。很多人還提水到外頭去賣，賺點零用錢。到了現在，雖然大家已經不再需要用井水了，但是教會還是保留了原始的幾個水井，跟著牧師樓一起保存了下來，希望讓後人認識過去的歷史起源。

所以，水井可以說是甘文閣的起源，而甘文閣可說是實兆遠最早開墾的地區，因此來到實兆遠，一定要來看看這幾口水井。當我們一抵達牧師樓的時候，馬上就看到牧師樓前的水井。在一次清理水井的活動中，我還爬了下去，感受一下當時的氛圍。

當時我們的志工團內，剛好有一位俗稱「被化學系耽誤的文青」呂紹安特別對水井有興趣。我還記得在前兩個禮拜，他騎著腳踏車，到處去尋訪關於水井的故事。果然，讓他找到曾經挖掘過水井的伯伯。事後閱讀他寫的文章，覺得特別流暢好看：

「撲通！」遠遠看到油棕林裡，一位伯伯把一個小鐵桶扔進一口井，井水發出清脆的聲音。

我本以為這個區域的水源已經完全被自來水所取代，水井只是上個時代的遺跡，實在難以想像還會有人使用。

「安哥你好！我可以看看桶子裡的水嗎？」安哥十分豪爽的把繩子遞給我笑著說：

「來阿，拉拉看！」我邊拉邊猛盯著漸漸從陰暗中浮出的小鐵桶。「清的！」我不禁驚訝地喊出來，桶裡的水清澈且無異味，安哥接過水桶笑著說：「這是我年輕時挖的啊，以前我家就是靠這口井過日子，喝水啊、洗澡啊、灌溉啊，那時候家家戶戶都有一個，很常見的！」他邊洗著腳邊回答。

對於以前的人來說，在自家門口挖水井是再平常不過的事了，就湊兩個人一隻鋤頭，向下挖出比水井口更大一點的洞。挖完表面的土後就會碰到地底的砂質，也就是地下水層，這時候必須在洞裡面植入空心水泥柱，把濕答答流動的沙固定住，以便繼續挖掘的工作。

遇到沙之後再挖個一兩公尺，一口井就算是大功告成，而這位伯伯與他的夥伴竟然不到一天就能完成。這時我開個玩笑：「哇！既然一天就能完成，那今天我也在家門口挖一個，明天就有水喝啦！」沒想到伯伯卻對這句話異常的認真，他搖了搖頭道：「是因為我以前做粗工的啊，已經習慣了，你們讀書人不行的啦，拿個鋤頭揮幾下就手痠撐不下去了，而且這井往下挖要挖得直，不然土歪歪的會崩掉喔！」這時我才赫然發覺，原來只是挖個水井竟然還有被崩落土石掩埋的危險。

我們在實兆遠遇到的每一個人，都跟水井有一段回憶。在二〇〇三年，牧師樓成功改為墾場博物館，水井也順勢保留了起來。所以當我們走進實兆遠衛理公會的教堂園區，首先會看到衛理公會白色的基督教堂建築，在教堂的右邊，是兩層樓的「牧師樓」。把牧師樓變成博物館，實際上也是希望博物館繼續在社區內發揮承先啟後的作用。因此，館方也鼓勵附近居民捐贈家中的古董或以前的用品給博物館作為館藏、研究和展示之用。

雖然建築不能說話，但木板上的磨痕刮痕、展示櫃中的文物和文件、水井中的特殊氣味，已經超越語言和文字。我以為墾場博物館會一直這樣保存下去，結果我

實兆遠衛理公會園區，有宣導堂、牧師樓和博物館新館。

錯了。實兆遠衛理公會在廖克民牧師的帶領下，積極募款籌建了博物館新館，以便更能容納文物和歷史。二〇一八年，在「舊的」墾場博物館旁，一棟三層樓的建築將實兆遠的開墾史和基督教傳教史做了更詳盡的解說。

實兆遠因為靠海，太陽特別炙熱。在烈陽照耀下，我們看到的是新館的玻璃帷幕，以及舊館的紅色屋頂。在新舊交替之間，實兆遠一百多年的社區開發史就從這裡大步向前！

馬來西亞有社區營造嗎？從墾場博物館的興建歷程，我覺得這就是馬來西亞社區的力量！

台灣有雙十節，實兆遠有雙九節

每年九月九日，在實兆遠有一個特別的慶典，那就是慶祝甘文閣開墾的日子。以下這一段歷史故事，幾乎是我們遇到所有的實兆遠基督徒，都能夠侃侃而談的一段過去：「一九〇三年九月九日，林稱美牧師從福州帶著三百六十三名墾民下南洋……」當時的牧師所住的房子，大家統稱為「牧師樓」。

早在一九九〇年代時，廖克民牧師已經在當地辦了多年的文物展，鼓吹提高歷史意識和保存歷史文化的重要性。但是他不滿足於曇花一現的文物展，因此建立一間博物館的想法慢慢在他的腦袋中成形。一九九九年，他首次提出「雙九節」節慶，希望大家記得這個重要的日子。

當時的慶祝活動規模比較小，又過了幾年，剛好在二〇〇三年，適逢實兆遠開墾一百周年，除了將傳統木造建築的牧師樓保存下來，並更名為「墾場博物館」，也開始大力提倡、慶祝雙九節。「為甚麼是雙九節？」陳伊凡拿著筆記本問道。伊凡來自中國，是一名學霸，小學時跳級念書，所以儘管在清大念中文研究所，但是年齡卻跟台灣大二的學生差不多。她的特色就是做事情很有效率，包括問問題也是。

「因為我曾經去過台灣啊！」身形纖瘦但聲音異常宏亮的廖牧師回憶道。「啊？」大夥兒大吃一驚。怎麼誰都跟台灣有關係啊！「我之前是在政大教育系報到，那時候開學後不久不是就要慶祝雙十節嗎？」廖牧師開始回憶過去，他原本是打算在台灣升學，但是念了一個多月發現似乎不是他想要的，於是就毅然決然退學回到家鄉。後來才念神學院，成了一位傳道者。

「我就是從台灣得到靈感，你們有雙十節，那我們就來搞一個雙九節，向台灣致敬！」廖牧師哈哈大

雙九節的遊行隊伍，信徒裝扮成以前的居民，參與遊行。

來自各社團和教會的民眾一同參與雙九節的慶典。

笑，似乎很滿意自己的「創作」。廖牧師在一九九九年主辦了第一次雙九節之後，雙九節的慶祝活動就分別由地方的社團，即教會組織和華社輪流舉辦，也展現了教會和華社的合作關係。雙九節的慶祝方式有很多種，華社通常擅長舉辦募款餐會，聚集地方人士大吃一餐，頗有「華人」的感覺。衛理公會則一定會舉辦遊街活動，在當天傍晚號召附近教區的教友，參加「飲水思源」講道會之後，大家參與遊街。最特別的是，主辦方會安排一些上了年紀的教友，穿上仿古服裝、推著古董腳踏車、帶著各種農用工具，模擬當年祖先在墾區辛苦的身影，大家沿著當年開墾出來的路，慢慢走著，彷彿回到一百多年前。

到了二〇一九年，雙九節的慶祝已經邁入二十周年。這個節日不知不覺已經嵌入實兆遠人的生活裡，也建立起每年慶祝雙九節的傳統。二〇一九年的雙九

遊行當天還有古董車一起共襄盛舉。

節，是連續兩天的慶祝活動，除了有遊行，還有嘉年華會，邀請來自全馬各地的手作達人來到這裡擺攤。埅場博物館裡還有畫展、音樂欣賞會等，活動非常豐富。負責舉辦這些活動的工作人員之一鴻達，是少數留守在實兆遠的年輕人。我好奇為什麼這麼多人離開家鄉，到大都市去打拚，但是唯獨她留守在故鄉。「因為我很喜歡我的家鄉啊！」她大聲地說，「所以做著做著，也很有成就感。」

聽到她這麼說，我都起了雞皮疙瘩。我感觸很深，因為實兆遠也不算是一個大城鎮，工作機會不多。這樣的現象可以說是全球各地、很多地方都面臨這樣的問題，都市化造成工作機會都集中在大都市，人口外移的現象很嚴重。很多年輕人在念完高中之後，就得離開家鄉，到城市打拚。留在家鄉的只剩下老弱婦孺。這對一個地方文化和發展來說，是很有殺傷力的。

因為人都不在了嘛！最顯而易見的就是，學校人數越來越少，因為人數變少，大家開始產生一種錯覺，資源可能變少，於是父母更不願意讓小孩在鄉下接受教育，而紛紛搬到大都市去生活。可是，同時在大都市生活並不是那麼容易，生活水準的提高、物價也比原本家鄉來得高，再加上沒有家庭的支持系統，雙薪家長要自行負擔孩子的生活起居和教育。只能說每一天都在奮鬥啊！然而這一切的起點只是希望在都市能夠過上更好的生活。

想到這裡，我也開始覺得困惑。到底人終其一生要追求的是什麼呢？過去在比較困頓的年代，例如這裡一百多年前的墾民，身無分文來到這塊土地，當時因為跟著牧師來開墾，大家認為是到了「上帝應許之地」，可是沒想到來到一片荒野，還要靠自己雙手雙腳開墾，生活條件極差，還要忍受猛獸之害、蚊蟲瘧疾之苦，據史料記載，墾民當時因為生活太過困苦，覺得被騙了，還曾經跟牧師起過爭執呢！可是，再怎麼樣，都已經賭上了整個人生，毫無退路可言，可以想像當時的墾民就這樣低著頭、彎著腰，一點一滴地把財富累積下來。

可是漸漸地時代也改變了，人們的需求越來越大、想要的東西越來越多。是不是內心感覺富足的話，我們的生活就可能簡單一些？每一次的志工服務，讓我認識到的事情都不一樣。原來我的家鄉還有很多地方，還有像達鴻、廖牧師這樣的人，因為一份愛故鄉的心，所以願意留下來努力！我們的存在，就是來支持這樣的人！

「來！你這裡還有什麼需要幫忙的？告訴我！」我激動地說。

「哈哈哈！很多啊！我想我這輩子做都做不完呢！」我知道，達鴻不是在跟我開玩笑。

我心裡暗暗想著，未來我一定要再回來這個地方，為地方歷史盡上我微薄的一份力。

實兆遠最多的租客不是人，而是燕子

如果把整個實兆遠看成一棟大樓，一樓、二樓自然是人類的活動區域，三樓以上，則完全是燕子的領域。人與燕在實兆遠重新詮釋了什麼叫平行宇宙，有趣的是，這兩個看似平行的世界，其實有千絲萬縷的聯繫。

中國人還在感嘆「燕南飛」的時候，燕子已經飄洋過海到緯度更低的東南亞尋覓家園了。牠們趁著窗戶沒關，飛入尋常人家築巢。一九九〇年代末，實兆遠的居民察覺到這個現象，開始設法留住這些不請自來的「自來燕」。一些人遠赴印尼學習相關經驗，從錄製燕子叫聲的卡帶開始，堵住窗戶以遮住陽光，精心打造潮濕陰暗的「燕屋」，吸引燕子前來築巢。因此可以說，馬來西亞的人造燕屋，就是從實兆遠開始的。

一般人蓋房子大概不是為了「大庇天下寒士」，而是為了房租。燕子的「房租」就是那些一掌一掌懸掛在木梁上的燕窩。直到二〇〇〇年初，幾乎實兆遠家家戶戶都兼職

「房東」，一棟一棟燕屋拔地而起，猛烈的勢頭甚至帶動房地產業的興起。當時一公斤尚未清洗過的燕窩，竟然能賣到馬幣六、七千（約台幣五萬五千元）的高價，可以說是燕窩產業的黃金年代。

以上相關的研究，是清大人社系一位鑽研歷史的博學之士葛昌泰所寫的。他的大學生生涯幾乎都在書中度過，飽讀詩書，不是那種會參與國際志工活動的典型學生。作為非典型學生，他的說法是：「書讀得累了，來試試看做些別的。」非常酷炫的回答，但他確實對歷史文化有濃厚的興趣，對於我們的服務內容也很認同。

實兆遠有很多房子，仔細一看，窗戶都堵起來了，樓上住的不是人，而是燕子。

說到人文性質的志工團，其實我們台灣清華大學馬來西亞志工團的確是開始的很早。從二〇一二年開始，就先從馬來西亞的百年古鎮務邊開始，以口述歷史、收集地方歷史為主，進而協助社區營造的工作。最初的幾年，這樣的志工團並不特別獲得關注。跟其他的以資訊教育、醫療衛教為主的志工團比較，文化歷史教育似乎就「矮人一截」？當然這也跟台灣的科技發展和社會氛圍有直接的關係。

但是這些年來，我們一步一腳印，慢慢在各地深耕。協助地方和社區撰寫歷史、做訪問、拍攝人文紀錄片。我相信，世界上一切的努力都是有意義的。所以我們累積的成果可說是有文字、也有影像或照片，更關鍵的是台灣和馬來西亞的關係。就像我在二〇一九年九月回到實兆遠參加雙九節活動，看到我們曾經拍攝過的紀錄片，就在墾場博物館中循環播放，讓參觀的民眾都能夠欣賞。當時，看著牆壁上的大螢幕，內心有點激動，馬上拍下來，傳給曾經在實兆遠服務的學生，希望告訴他們四年前你們的努力，從來沒有白費過。

但是，更多的時候，我們的努力是無法量化的，因為更多的是人與人之間情感真摯的交流，是深刻認識一個地方的文化，了解人們的悲苦與歡笑。然而，在這裡我們不只接觸到人，還接觸到了另一群實兆遠的住客——燕子。每天傍晚抬頭，就是成千上萬隻燕子在天空中飛翔的畫面。伴隨著「吱吱吱……」的叫聲，不仔細聽還聽不出來，那其實是燕屋上頭的音箱所發出來的聲音。

對我來說，燕屋並不是什麼新聞。因為不知從何時開始，馬來西亞半島西海岸，即靠馬六甲海峽的這一側，很多地方慢慢蓋起了燕屋。來到實兆遠之後才知道原來養燕產業是從實兆遠開始的。如果不仔細看，真的還不會發現，原來這裡很多的房子已經不住人了，包括這裡最早開發的甘文閣老街那幾排百年老店屋，二樓都已經是門窗緊閉的燕屋。其實，看到老街的房子變成這樣的光景，固然可以理解大家都是為了生計，但是內心還是覺得有點感慨。

從一九九〇年代起，大家開始一窩蜂蓋起了燕屋，這樣一時的盛況似乎遮蔽了大家的雙眼，未能及時發現燕窩產業結構上的不成熟。當時生產燕窩的燕屋，都是家庭模式在經營，例如原有的兩三層樓店屋，直接改裝成燕屋。這樣的方式缺乏整體設計與管理，相關的技術也侷限在族親之間，沒有廣泛流傳。雖然造就了產業的獨霸，但是就整體的產業技術發展來說，並非是好事。

而產業中技術不流通的狀況，也發生在購買燕窩的消費者身上。燕窩是中國傳統的養生食品，就連我婆婆知道我回馬來西亞，還特別傳 LINE 囑咐我幫忙買一盒燕窩給她，好讓她來補充膠原蛋白。我當時內心在想的是：「媽媽，您是否知道，其實燕窩是燕子的口水啊！」

所以也就是說，大部分人不曉得燕窩到底是什麼。業者也就含糊其辭，用各種故事行銷並包裝產品。其中，「血燕」這最著名的產品就是在這樣的行銷背景下創造出來的。其實，一種比較可信的說法是：血燕本來是長在富含紅色礦物質的岩洞中的燕窩，因為吸附在岩石上，因而染上天然的色素。

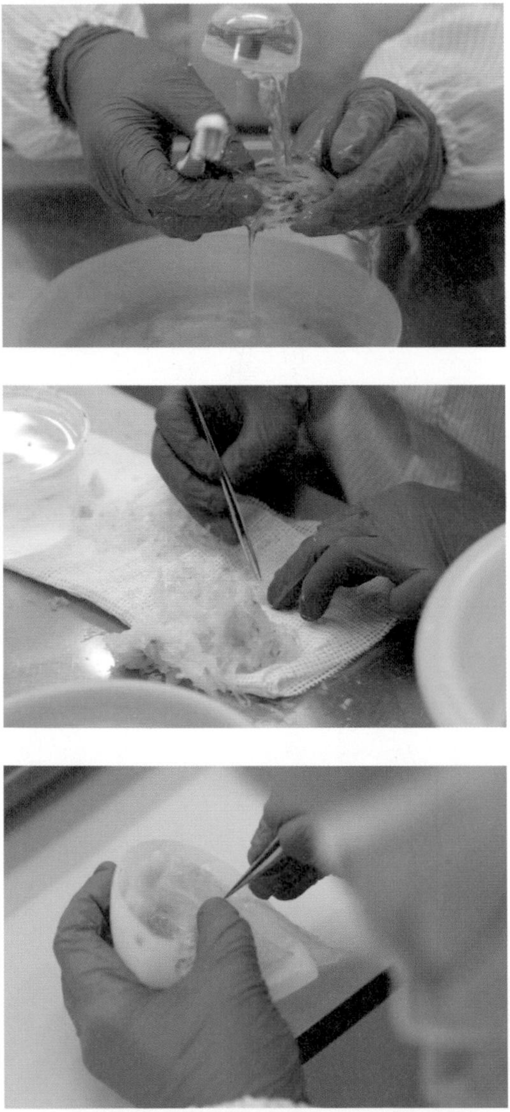

燕窩的製作過程相當費工，需要以人工的方式清洗燕窩，再挑掉羽毛，最後塑形。

然而，在競爭激烈的養燕產業中，馬來西亞的業者也面臨印尼、泰國等地產品的競爭。在這樣的環境下，開始有業者加油添醋，為血燕披上動人的身世背景，有一說是「金絲燕未能完成鳥巢，忍著不產卵，吐血而形成。」還有另一說是「燕子築巢時缺乏唾液，連血都吐了出來築巢。」因為故事極為悲壯，因此很快收服人心，迅速提高了身價。

直到二〇一一年，假故事被戳破，再加上漂白燕窩的黑心事件，中國立即禁止馬來西亞燕窩進口，造成燕窩的價格大跌。這一次對業者來說可真是當頭棒喝，業者真的吸取了教訓。或許不應該用這麼極端的方式，只為了賺錢。我們很幸運遇到一位研發罐裝燕窩飲品的業者，更被邀請進入燕窩加工廠參觀。在進去參觀前，大夥兒穿上了像在無塵實驗室般的大衣，還戴上帽子和口罩。可見衛生安全把關相當嚴謹。

多年後，每當我回憶我們曾經服務過的地方，總是想起那些地方的人或氣味。唯獨實兆遠，留下的是傍晚時分，伴隨著夕陽晚霞的那種特殊燕子叫聲，還有燕子輕盈的身影，畫過實兆遠的天際。

沒有門的棺材店

在一個尋常的上午，學生志工依照慣例早上八點半起床梳洗之後，在民宿弄杯奶茶或巧克力，吃兩片吐司，就戴著草帽、騎著腳踏車出門去找故事了。在實兆遠，我們分成了歷史地理組、傳統產業組和宗教生活組。而傳產組是三個可愛的小女生柔廷、羿萱和文欣，特別辛苦，因為得到處去尋找傳統產業。而實兆遠的傳統產業是什麼呢？這是一個不好回答的問題。

不是因為實兆遠沒有傳統產業，也不是我們學生偷懶，都不去做採訪。因為我們是以田野調查的方式，走訪鄉間尋找故事，不預設任何的立場或題目，就看當天會遇到什麼人，就聊聊天，看看會碰見怎樣的人或故事。所以在出發之前，我通常需要進行採訪技巧的課程。

其實說到採訪技巧，我也思考了很多年，要怎麼樣跟這輩子幾乎沒有做過採訪的理工科大學生傳授訪談技巧呢？就一般常識來說，在台灣訪談要做得好，先上網查資料、做做功課，接下來列訪綱，然後就上陣了。這樣的方式的確是其中一種，有相當高的把握能夠得到答案，但我還是覺得稍嫌公式化了一些。後來，我覺得其實我們在做訪談的時候，比較像是彼此在交換生命故事。

如果能夠做到訪問者和受訪者之間沒有高低姿態之分，沒有誰主誰客，沒有我問你答的那種比較單向、比較制式化的訪問，而是彼此在一個時空中相遇了，彼此對上了，於是停下手邊的事，分享了過去或是此刻生命河流中的一個片段。我心目中成功的訪談比較像這樣，有點像一九九〇年王家衛的電影《阿飛正傳》裡的經典台詞：「我們就是一分鐘的朋友，這是事實，你改變不了，因為已經過去了。」

「這裡是全馬來西亞唯一一間沒有門的棺材店，不信你們去找找看！」

而今天，傳產組偶然遇見一間沒有門面的棺材店，說是店面好像也有點不夠貼切，這一間棺材店就像是路邊隨意搭建起來的臨時木棚子。整間店看起來非常不起眼，各個角落堆著廢棄的木材和一些工具，在不大的面積裡，擺放著八九個並排的棺材，大部分用白布蓋著。不仔細看，還以為這只是一間工寮。而在棺材旁邊，是一張小小的木製麻將桌，可以想見平時沒什麼生意的時候，老闆就跟員工打打麻將、消磨時間。怎麼看就是覺得這一間店很奇怪，後來才發現是一間連牆壁和門都沒有的「棺材店」。

「沒有人會偷這個的啦！」已經七十四歲的鄧老闆半開玩笑、半認真地說。

鄧老闆花白的頭髮亂亂的，有一種瀟灑的感覺。他剛成年不久就接手父親的生意，一開始是親自製作棺木，要上山找大樹桐，直徑要夠大才能夠製作棺木。樹桐砍下來後，通常需要兩三個人才能夠抱起來。砍下夠大的樹桐後，把中間挖空以做成傳統的中國棺材。後來政府開始管制木頭的砍伐，中式傳統棺木使用的木料比較多，而且比較笨重，漸漸地棺木也「西化」了，木料用下訂的，再切成木板，拼裝成西式棺材。

「老師，我們今天遇到沒有門的棺材店！」傳產組的三個小女生邊脫草帽，邊興奮地跟我報告她們今天的奇遇記。「沒有門？棺材店？」其實當時我內心納悶，請妳們去找傳統產業，怎麼找到「這樣」的題材？後來當晚看了她們的文章，才慢慢能夠感同身受，在當時她們真的跟鄧

有看過沒有門的棺材店嗎？

學生志工隨意坐在安哥旁邊，跟他們聊天、聽他們說人生故事。

老闆交換了生命的一刻：

「現在人多了，死的人也多囉！」和過往相比，現今生意還不錯，鄧伯伯雖然語氣輕快地說著，但以前因為做這行而遭受的白眼和辛苦也不少，甚至會被人說是壞心、想要人死。或許是因為受過這些委屈，鄧伯伯對於底層人的困苦更是感同身受。曾經遇到貧苦的家庭有喪事，老闆一毛錢也不收，將棺材直接送過去。在那種一個月也賣不了一副棺材的日子，卻還有如此憐憫之心，我想鄧伯伯肯定是一個善良的人。

雖然是壽板商，但鄧老闆的工作可不只是買賣棺材，他自學成禮儀師。在一次出殯的過程中，鄧老闆見大體面容不整，於心不忍，人都要走了還不能善終，於是自己試著為屍體化妝修容。從化妝、擦身體、穿壽服等，一點一點慢慢學，甚至還跟當醫生

鄧老闆經營了一輩子的棺材店，最後還為自己挑選一副好棺材，送走自己。

的朋友請教怎麼打福馬林。「做這個跟做醫生其實是一樣的！」鄧伯伯自豪地說。想想也是，醫生是讓人能夠好好地活，而鄧伯伯所做的是讓人能夠好好地走，於生於死都一樣。

鄧伯伯靠著做棺木、賣棺木撐起了整個家的生計。如今孩子都大了，到外地工作，不打算接手。棺材店的未來也還不知如何。「四點了，喝酒的時間到囉！改天再聊！」鄧伯伯說完隨即帥氣回過身，手裡拿起一瓶紅酒，坐上賓士車，和我們揮手道別。

傳產組的三位女學生是在二〇一六年遇見這位鄧伯伯。當時我只是閱讀了文章，而沒見到老闆本人。我在二〇一九年回到實兆遠，算是按圖索驥，希望把曾經大家走過的路線再走一遍，跟老朋友打打招呼。我心想，沒有門的棺材店太容易找了，肯定跟老闆見得上面。果然，車子一彎進靠近甘文閣的老街，就看到了有兩位伯伯在店裡。我走上前先打個招呼，表明身分，提到三年前清華大學學生來過採訪，並詢問老闆在不在，想幫他補張照片。

「老闆喔！走了。」四個月前，老闆癌症過世了，臨終前親自為自己選好一副棺木。原來，很多時候，我們就在那一刻，永遠擦身而過了。

不只是一間廟：實兆遠的大伯公廟

「我要讓這間廟變成馬來西亞最著名的觀光景點，讓所有人一提到馬來西亞，就會想到大伯公廟。」

說這句話的是實兆遠大伯公廟的主席拿督郭金恩。他絕對不是在誇口，因為現在只要一說到實兆遠，幾乎所有人都馬上想到這一間占地二十多英畝的大伯公廟。坦白說，還沒來到實兆遠以前，我對這間廟沒什麼特別的想像，直覺跟其他的華人宮廟沒什麼太大的差別吧！

然而，我們志工團來到這裡，就是要了解這地方，所以有這麼一間豪華的大伯公廟，怎能不來呢？於是宗教生活組頂著烈日，騎了差不多四十分鐘，才抵達這間靠海的大伯公廟。

先是沿著一條蜿蜒的小路走，兩旁都是沒見過的熱帶樹種，共同點就是被海風吹得歪向一邊。另外，路的兩旁都是馬來人傳統的高腳屋，馬路非常狹小，畢竟是村莊小路，小路走到底，眼前突然一片豁然開朗，遙遠的海平線在眼前無限展開，而凝視著海平線的是一尊尊巍峨聳立的神像，位於正中間的大伯公，是本廟的主神，兩旁站著的分別是觀音娘娘與媽祖，就像一排護衛般，矗立在海邊的這些神明，守衛著實兆遠居民的平安與健康。

其實大伯公廟絕對是實兆遠的熱門觀光景點。這間廟之富麗堂皇、之不可思議的大，石雕神像之多、之雄偉，經過設計的園區造景，誰也想不到，在八十多年前它也只不過是一座小小的、普通的廟宇。

「班尖大伯公廟」可說是它的正式名稱，大概在八十年前遷到了現在的所在地，一個靠海、面海的空地上，特別的是，這間華人宮廟，其實是隱身在馬來村莊裡。自從搬到現址之後，大伯公廟經過多次的增

實兆遠大伯公廟建築雄偉。

建，擴張到二十多英畝的大小。除了善心人士捐贈的土地，還有大約十英畝是透過填海造陸所填出來的土地。所以很多人說，這間班尖大伯公廟是「麻雀變鳳凰」。

如果我們輕易地接受大伯公廟莫名其妙變成一所大廟，而不去了解背後的原因，那就是沒有好好在工作了。這間大伯公廟變成觀光景點，也是在這十年內慢慢發展出來的。這中間到底有什麼祕訣呢？經過好幾次的拜訪和訪問之後，我們終於釐清了脈絡。這一間廟，除了有著好多好多雄偉的佛像雕像之外，其實更重要的是這間廟背後的推手。大伯公廟的主席拿督郭金恩，特別接受我們的採訪，為我們揭露這間廟的特別之處：「我們這間大伯公廟是全馬唯一一間吃素的廟，因為廟裡的所有神明都吃素。」所以這間大伯公廟可說是肩負著社會教育的重任啊！

一走進大伯公廟園區，即可看到高大雄偉的白色雕像。

大伯公廟幕後推手是有遠見、有回饋心的拿督郭金恩。

跟主席細聊下去，才發現理事會把廟打造成觀光景點，並非偶然，而是期許自己扮演更多的角色。這時候，我才發現：廟，不僅僅是供人求神拜佛的廟，而是一個公益事業、慈善團體。多元宗教組石羽庭的文章讓我們更能了解大伯公背後的故事：

「我們這裡的香錢都是賣香的收去，但油錢則全部都給大伯公，去幫助孤兒院或有需要的人。」主席表示。貧窮人家或孤兒只要寫信過來向廟理事會申請，如果是他經手，幾乎都會馬上批准。「很多有需要的人都是很急迫的，如果不馬上批准，他們可能就沒辦法度過難關了。」

這間廟越蓋越大，就會吸引很多人潮，人潮會帶來更多的香油錢，才能幫助到更多人。這間廟每一年約有一、兩百萬台幣的香油錢，這些錢就變成了廟的基金。除了增設景點設施外，大伯公廟還成立了幸福之家孤兒院、窮人資助基金。「對我來說，其實信什麼宗教都一樣，只要能夠做好事就好。大伯公平常就照顧許多人了，現在有了這些孤兒院、基金，就是協助祂繼續照顧更多人。」說這番話的同時，郭主席又朝著大伯公的神像拜了拜。「我們賺那麼多錢，生不帶來、死不帶去，夠用就好。人啊，不要貪心！」看著拿督說這句話的神情，我深深體會到拿督在事業成功之後，依然想回報社會的那份感恩的心。

但是為什麼要為大伯公廟付出這麼多呢？我好奇地問了郭主席，聽了我的問題，正在介紹迷你萬里長城的他突然停了下來，望向遠方的海平面，悠悠地說：「我進大伯公廟服務時，生活還很窮。但當時是大伯公讓我以五毛錢進入廟裡當理事，之後我的生意就一帆風順，即使遇到困難也能迎刃而解。我相信是大伯公給我運途和機會，現在是我回報的時候。」看著郭主席瞇起魚尾紋的眼，我好像看到了當時才二十多歲、對未來充滿理想和希望的他；也許現在的他已屆退休之齡，但是對於大伯公廟滿懷的感激卻讓他充滿著動力。

未來，他還要在大伯公廟前的近灘，規畫建造一座魚形橋，讓全世界的遊客都想來大伯公廟。我想，也許就是這種飲水思源的精神，讓他總是能保有如年輕人一般的活力，努力地回饋與奉獻，也才能讓大伯公廟，成為現在的大伯公廟。

採訪回去後，我把主席這番這麼有魄力的話轉述給這群學生聽，他們義不容辭就決定衝到大伯公廟參觀，這時反而讓我發現自己對於不熟悉的事務經常會「假裝沒看到」，這樣的態度其實非常不好。我應該要暫時停下腳步，向我的學生學習。

實兆遠的小確幸：拜四街

帶著大學生到國外當志工，絕對是一場難忘的經歷。因為我們一團少則八個人，多則十四人，每天擠在一間三房或四房的民宿裡，共同生活一個月。那種生活壓力是很隱性的，但是就像一個壓力鍋，慢慢積累壓力。如果沒有意識到人跟人之間的相處可能帶來的壓力，情緒就會不穩定，進而影響到工作。

最初的幾年，我並不曉得學生的壓力是什麼？我知道來到新環境、服務工作，甚至跟陌生人聊天都會帶來壓力。所以，上述這些因工作而可能產生的壓力，我都盡量協助他們面對和克服。我常說：「要克服緊張最好的方式就是做好萬全的準備。」當一個人準備好了，他對於各種狀況就了然於胸了。所以，這也是我們在正式出發前，還會召集大家進行五天的行前訓練營，除了清點器材、收拾行李，更重要的是，我反而覺得是整理自己的心情、回顧半年來的準備工作，然後才大步出發。

然而，儘管做了很多的準備，到了現場還是有不同的狀況。終於，有一次我發現「人」就是壓力的來源。曾經一個學生說，她有時候想要獨處，可是在客廳、房間、飯廳都有人，只有在廁所和洗澡的時候才是唯一獨處的時候。所以，當我發現這一點之後，在服務進行一半，或十天之後，會安排一些非工作的遊覽行程，不全然是休息，而是用另一種方式在當地生活。我發現，這樣突如其來的行程，是整個服務行程中的亮點，釋放了一些壓力，變成了不可或缺的小確幸。

學生志工努力適應新環境。

每周四的拜四街是實兆遠人最期待的一天。

如果我們自己過得寫意些，心情就會放輕鬆些，才能夠用同樣的心情看待實兆遠。我記得有一次，已經在實兆遠待到第七天。在實兆遠的每一天其實都差不多，小城鎮嘛，天還沒亮，割樹膠的工人就已經收工了。差不多清晨五點多，實兆遠的各個早餐店，伴隨雞鳴燕響慢慢開始拉開鐵門，準備營業。實兆遠人早餐習慣吃麵，在茶餐室裡找個位子坐下來，到麵檔點一碗雲吞麵或蛋麵，加上餛飩湯或一兩顆半生熟的雞蛋，配上黑咖啡。因為實兆遠的華人以福州人為主，福州麵食文化在實兆遠發揮得淋漓盡致。

早上九點到十點之間是茶餐室的高峰時間，除了退休老人三五好友準時出現在茶餐室，還會坐在他們常坐的特定位子上。老闆娘甚至連問都不用問，就送上老客人平時常喝的咖啡或茶。茶餐室的氣氛是熱鬧的，但是卻也是平靜的。客人很多，但是老闆也不會亂了手腳，不會彼此惡言相向，彷彿只是一個尋常的早晨。

而今天，氣氛卻有點不一樣，稍微有點浮躁。但一時半刻也說不上來是什麼不對。直到在路上的伯伯阿姨，看到我們就問：「有沒有要去拜四街？」拜四街？這是什麼東西？他們往甘文閣新村的方向指一指，再三強調一定要去。平時的實兆遠人非常溫文儒雅，從來不會用太強硬的語調要我們非做什麼事不可。但是，今天卻要我們一定要去拜四街，所以我們也只好遵命了。

頂著實兆遠的烈陽，我們浩浩蕩蕩往甘文閣新村走去，在新村大馬路旁似乎冒出好多五顏六色的大傘。那裡原本是一塊空地的地方，不同攤販就地搭建攤位，產品五花八門，從農產品到十元花褲、從炒粿條到冰椰子水，讓人眼花撩亂。已經好久沒逛夜市的大夥兒們，這時候顯露出「台灣特性」，直說這是值得好好進行田野調查和訪談的地方。

其實中午以前的拜四街，是甘文閣市場的延伸，有各式蔬菜、現宰雞鴨，甚至還有賣花果樹的等等。而中午過後，卻又換成不同的攤販進場，大傘一收一放之間，變身為各式煎烤炸煮的美味小吃。拜四街就像是一個臨時搭建的舞台，不同的攤販像是不同場次的演員，有默契地換場，而實兆遠人是觀眾，從四面八方湧過來參與這場盛況。當時還是人社系大一的學生楊晴雯這麼形容拜四街：

拜四街大多是流動性攤販，因為每一周只有這一天擺攤，所以對實兆遠人來說：「禮拜四，就去拜四街。」

拜四街的攤販不只有實兆遠本地人，也有不少從外地來的攤販，必須起一個大早，花兩到三個小時的車程才能到實兆遠來擺攤。我不禁訝異：為何要特地開這麼久的車來到實兆遠擺攤呢？

「租金便宜啊，租一張桌子只要兩塊馬幣，很划算耶！」因此，不管是賣衣服、小吃、布料、花卉，甚至連賣雞雞的小販都喜歡在這裡擺攤。

想要在拜四街找什麼，幾乎都找得到。往後的日子，每到禮拜四，就是我們這群學生最開心的日子。沒想到他們不只是去吃吃喝喝逛逛，倒也真的把採訪的事放在心上。某一天晚上，我照例閱讀學生的文章，看到人社系的胡欣雅的文章，整個拜四街彷彿在我眼前活過來了！

「我們這邊沒有歷史啦！」

一陣魚腥味撲鼻而來，蓋過了市場裡其他的味道，往前看，發現了一個賣江魚仔（小魚乾）的檔口，站在攤子後方的伯伯好奇地問我們從哪裡來、來做什麼。簡單介紹之後，伯伯不解地說道：「我們這

拜四街裡的攤位擺放著漂亮的小魚乾。

邊沒有歷史啦！妳要寫歷史要去邦咯島啦！那邊以前有葡萄牙人。」伯伯把小魚乾捏在拇指和食指間，摩擦著，曬乾的魚皮，細細碎碎的掉了下來。

邦咯島是鄰近實兆遠的一個小島，有著傳統漁村，也有細白的沙灘。伯伯平時從邦咯島的漁獲公司批發小魚乾，他驕傲地說：「我賣的江魚仔都是用傳統的方式曬成的，跟用機器烘的不一樣喔！這個比較香。」伯伯每個周四早上六點必定準時在拜四街報到。我好奇地追問伯伯已經擺攤擺多久，他瞇起眼睛，吐出長長的一口煙說：「四十年有了哦！妳要寫我嗎？」伯伯頑皮地笑著卻又馬上補道：「我這不是歷史啦！拜四街也不是啦！不夠久，你要去問問其他的老人，他們還記得那時候打仗，有我們華人組成的共產黨，還有英國人殖民過，妳知不知道？」我點點頭，伯伯大手一揮，指著他檔口的江魚仔，悠悠地

拜四街裡也可以看到很多台灣沒有的農產品。這是臭豆，是馬來料理裡常見的豆類。

說：「歷史就要寫大事，我這個小事，不是歷史。」

看著眼前一袋袋的小魚乾，和安哥黝黑的臉龐，我一時答不上話，旁邊的同伴走了過來，接著說道：「伯伯，你有沒有想過，如果現在你們被寫了下來，對於你們的子孫孫來說，你們就是歷史耶！」伯伯沒有說話，似乎不太懂我們的意思。他用手攏了攏成堆的江魚仔，招呼討價還價的客人。結完帳後，看到對著檔口拍照的我們，安哥把塑膠袋中賣相較好的江魚仔撥了出來，笑著說道：「要拍漂亮一點的回台灣喔！」

在小地方生活久了，才能夠體會，平淡就是一種平實的幸福。但是，這樣的生活要有每個星期一次的市集，讓大家再恣意揮灑一下，錢和汗水都是。有時候，外地人對於這種小規模的市集，可能見怪不怪，但是如果能夠仔細觀察大家逛拜四街時的神情，你會輕易感受到雀躍的音符飄揚在空中。

有機會一定要去體會一下實兆遠的小確幸：拜四街！

茶餐室裡不只有茶，還有……

「老師，紅茶在這裡到底叫什麼啊？」在台灣時就習慣每日一杯手搖飲料的韋驛，連續好幾天在店裡都點不到他想要喝的無糖紅茶之後，終於忍不住跑來問我。

「那你這幾天都喝了什麼？」我好奇地問。

「很多耶。有一天我看到 red tea，我就點了，結果來了一杯鮮紅色的果汁。」韋驛無辜地說。

並不是我故意不告訴他們應該怎麼點餐，而這是我精心設計的融入當地文化的方式。在馬來西亞很多地方，大城市例如吉隆坡、檳城、馬六甲，而其他的小城鎮，例如我們服務過的地方霹靂州的務邊，附近的城鎮金寶（Kampar）、怡保（Ipoh）等，當然也包括我們目前所在地實兆遠，都因為早期有華人聚集在此，因此飲食文化上受到很多中華文化的影響。

這到底是什麼意思呢？在馬來西亞路邊的店面，如果看到「茶餐室」，那就是一般華人吃飯的地方。在這裡基本上可以用中文溝通，所以我覺得，既然學生們要在一個地方待上一個月之久，應該嘗試看看自己去摸索。我發現，吃是一種動力。因為個性再內向害羞的人都需要吃東西，為了要解決自己的根本需求，我發現大家都會學著去點餐。

在「茶餐室」，通常會有不同的攤位賣不同的食物，常見的有「豬肉粉」、「海南雞飯」、「豬腸粉」等，客人一走進茶餐室，可以依照自己的喜好，在不同的攤位點自己愛吃的，因此同一桌可以有不同攤位的食物，這是馬來西亞華人吃飯的習慣。但是要注意，特別的是，茶餐室的主人其實是賣飲料的。所以，當客人一坐下來，就會有服務員靠近桌子，然後問你要喝什麼飲料。換句話說，房東是賣飲料的，房東再把店面的攤位出租給各個賣熟食的，就這樣形成了馬來西亞華人特殊的飲食文化。

所以，在實兆遠也一樣，到不同的茶餐室裡去吃東

馬來西亞人習慣在這樣的路邊攤點餐吃飯。

西，是每天必做的事。有時候還會有特別的驚喜呢！某一天我正懷念傳統的烤麵包和黑咖啡，於是獨自到民宿外騎著腳踏車去逛逛，仰望在藍色天際邊盤旋的燕子與烏鴉，大街小巷中人雖然不多，但是賣麵、賣飯的茶餐室裡卻是人聲鼎沸。突然一股熟悉的香味不知道從哪裡飄了過來。

抬頭一看，小路旁有一間不起眼的茶餐室，匾額上寫著「祖基茶室」。烤麵包香正是從這裡飄出來的。祖基茶室是一間傳統木造房子，就坐落在甘文閣新村外的大街林稱美路旁，靠近中華商會，是老實兆遠人吃早餐的地方。循著麵包的香氣，我注意到一個外觀別致的火爐，是一個圓形的銅鍋，裡面煮著滾水，冒著水蒸氣。如果要泡咖啡，就從這裡舀起一杯滾水，淋在咖啡袋上。但特別的是，水桶的上方還有一個空間，做成蒸籠可以蒸麵包。水桶下方放著木炭燒火，在木炭下方則有一個像烤箱的空間，用來做炭烤麵包。

飄香六十載的實兆遠甘文閣祖基茶室，和其一爐三用的大銅鍋。

簡直是一爐三用啊！待老闆較空閒時跟老闆聊天，才知道這爐原來是傳承自海南人古法製造的咖啡爐，已在祖基茶室飄香近一甲子。老闆還說，儲藏室裡還有另一個，可惜已經壞掉了。「如果這個也壞掉，那就只好淘汰掉了，因為現在也找不到人修理了。」老闆默默地說。韋驛對祖基茶室情又獨鍾，於是寫了一篇關於主祖基茶室一爐三用的故事：

祖基茶室用熱水沖泡的咖啡特別香醇，口感也很濃郁。蒸麵包，則是靠著水蒸氣將麵包蒸到鬆軟。炭香十足的烤麵包，在炙熱的炭火烘過以後，形成了香脆的表面，塗上牛油和 kaya 醬，就是口味道地的海南麵包。

祖基茶室原名「古香」，老闆張建輝從父親手裡承接下來，名為「新香」，後來政府要求登記茶室正式名稱，便以張建輝的父親張祖基為名。現在的茶室多半換成新式烤麵包機或瓦斯爐，祖基茶室的炭燒咖啡爐可能是實兆遠碩果僅存的一個。儘管如此，這個小小的茶室還是堅持使用著傳統咖啡爐，希望它能永久地飄香下去。

因為覺得這爐子實在太厲害了，而且非常有歷史價值，於是當年我們的人文紀錄片就以祖基茶室裡的老銅鍋為主題，用影片的方式留下這爐子的故事。當年的紀錄片由董韋驛進行，而完成影片後，他也寫了上面的紀錄。通常我們會說，保留歷史以便讓後代子孫看到，結果，當年我們在實兆遠的最後一天去祖基茶室跟老闆道別，就在我們正打算離開時，連貫著爐子的蒸汽管就毫無預警地應聲斷掉。

我們的影片真的記錄了爐子蒸汽管最後的身影，實在令人不勝唏噓。

相較於堅持古早味的祖基茶室，實兆遠人早午餐最佳的選擇，還有另一個地方，堪稱是實兆遠人的共同記憶——南華咖啡廳。

南華咖啡廳就在南華國中的旁邊，是一間獨立式的木房，旁邊搭建出棚子，一樣是有各式熟食，提供大家選擇。南華咖啡廳似乎是一間沒有招牌的店，也或者可能招牌被四周的大樹所遮蔽，樹葉茂密，圍繞著這一棟兩層樓的木屋。個性樂觀開朗的林國軒，是當屆的志工團長，他就特別喜歡南華咖啡廳的感覺。

「台灣來的喔！我請客！」南華咖啡廳第二代老闆黃得鏢爽快地說。講話快、行動快的黃得鏢，忙碌地穿梭在各桌客人中。

待他再繞回來時，手上已端著三杯冰美祿和一盤特製三明治。「吃吃看，我把三種不同口味加在一起，像你們這種比較少來的，一次可以都吃到！」一口咬下塞滿的起司、肉乾、水煮蛋的三明治，濃郁豐富的滋味迅速在口中蔓延。愛創新的黃得鏢自己研發了許多新料理，像是披薩三明治、冬瓜龍眼冰等等，創造有別於其他茶餐室的菜單。

「我們這代人要改變啦，要創新！」黃得鏢在二〇〇九年開始從父親手上接手茶餐室的經營後，就不斷尋求改變。訪談進行到一半，旁邊的籬笆內傳來「咯咯咯」的叫聲。「這是笑笑雞喔！」黃得鏢得意地說。我的視線移到了咖啡廳周圍的小雞舍、溫室、烏龜池、盆栽造景……這幾年在黃得鏢不斷創新改革下，南華咖啡廳早已不只是一間供應早午餐的餐廳，更像一個朋友聚餐聊天、老人小孩休憩的公園。

「這些小朋友、學生，都來我這喝茶，看

被大樹圍繞的南華咖啡廳，是附近居民最喜歡來買早午餐的地方。

看花園，也親近大自然生態囉！這樣他們會常來啦！這裡會創造很多回憶！」未來黃得鏢還計畫要在木屋旁蓋一個小平台，教手工藝、做料理。

二十年歷史的南華咖啡廳，不故步自封，反而不斷創新，創造更多與社區的連結。這些小小的舉動，看似微不足道，但是卻是實兆遠維繫社區情感重要的地方。

我記得國軒為了把三明治的照片拍好，後來還陸續到南華咖啡廳好幾次，為的是拍出完美的照片。後來國軒到挪威去當交換生，不曉得他到了地球的另一端之後，是否還會想起聲音宏亮的南華咖啡廳老闆？

我要建一間童玩博物館：童玩伯伯

炎炎午後，在實兆遠甘文閣的一處住宅後院，傳來隱隱約約的電鋸聲，裡頭不是在裝修屋子，而是童玩達人韋遠進伯伯又埋首在他的童玩世界裡。

說是「童玩達人」，但其實韋遠進伯伯是退休校長，家裡收集了很多以前的各種手作玩具。他在房子廚房後方搭建了一間工作室，放置了各種裁切的工具，以及各種材料。在他工作室的桌上，擺放著許多手作童玩，像是四方棋盤、陀螺、竹籤槍等。坦白說，對於我們這些大學生來說，第一眼看到這些「童玩」，其實是有點陌生的。連我也覺得有點陌生，真的還滿「古早味」的。

在緊鄰廚房的狹小工作室，韋伯伯此刻正專心鋸著木頭，明年適逢華人的農曆年雞年，所以他想做一隻公雞造型的木騎。曾經是華文小學校長的韋遠進，退休後，全馬從南到北到處推廣古早味童玩。木騎是普遍的南洋童玩，又稱「木馬」，他最喜歡用古樓拆除的厚木，或者製作漁船剩下來的木頭來當木騎的材料，讓這些廢棄木板重獲新生。

「我不想好木料就這樣浪費掉，所以就到處撿木板啊什麼的回家，我家就變成垃圾回收場囉。」韋遠進打趣地呵呵笑著。撿就是「簡」，盡可能節儉地使用我們現有的資源，是祖父母遺留下來的智慧，也是韋遠進承接自祖先的本心。

韋伯伯一邊用刨木刀磨平木騎，散落一地的木頭屑越來越多，但他絲毫不在意，一會兒，搖搖擺擺的公雞造型木騎也逐漸成形。工作室的櫃子上放滿了他從各地蒐集到的古早味玩具，例如木製的棋盤、膠子冰棒抽、以橡皮筋做子彈的竹槍、會發出蜂鳴聲的陀螺等等。

「床前明月光，疑似地上霜，舉頭望明月，低頭玩 iPad！」韋伯伯非常幽默，總是惹得大家哈哈大笑，但在眾人歡笑之餘，他其實很感慨，現代的孩子成天玩著手機、平板電腦，過著與世隔離的童年。他想要藉由童玩推廣的，其實就是這種人與人之間綿密且真摯的情感。

一邊做著童玩，韋遠進也開心哼著各種方言的童謠。韋遠進收集童謠三十多年了，目前共約九十多首閩、粵、潮、客家和海南的童謠。他全馬南征北討，為的是抓緊每一次的機會向長者討教，把他們口傳的童謠記錄下來。他坐在小工作室裡，手中一邊折弄著黑色的鐵線，口中邊吟誦著閩南的童謠「北馬阿嬤搖孫入眠」：

嬰兒嚶嚶悃，一眠大一寸，嬰兒嚶嚶惜，一眠大一尺。
一點樣骨肉，愈看愈心適，暝時搖伊悃，天光抱來惜。
搖兒日落山，抱囝金金看，囝是阮心肝，驚你受風寒。
細漢土腳爬，大漢來讀冊，為仔款養大，責任是咱的。
同是一樣囝，哪有兩心情，查甫也要疼，查某也要襁。
疼似像黃金，晟囝責任心，養恁到嫁娶，母才會放心。

自小成長於實兆遠外海的邦咯島，他的童年回憶總是縈繞著耆老們韻律感十足的童謠。這些童謠以前是用各地方的鄉音所傳誦，在口耳相傳中，也漸漸融入當地的馬來語，像是「Kuih kapit 摺入 MILO 矸」，就是有馬來西亞本土風味的童謠，描述過農曆新年前，家家戶戶製作年餅的畫面。Kuih kapit 是一種類似蛋捲的餅，只不過在馬來西亞是用夾的，而「kuih」是「粿」，「kapit」是「夾」的意思。

「既然我們都已從老祖宗那裡『傳』到了他們的智慧，那麼我們就有義務繼續『承』下去。」韋伯伯一邊說，一邊將手中的鐵線扭成了一個愛心，並把愛心鐵線串進另一個鐵線中。這個遊戲就是「鐵線迷宮」，我們要設法將愛心鐵線取出來。我們用盡一切辦法仍不得其門而入，愛心鐵線還是卡在鐵線中。蹙眉之際，韋伯伯卻輕柔地哼著童謠。回想起當時的畫面，還是覺得特別美。

一整個下午，韋伯伯像變魔術一樣，把不同的童玩拿出來獻寶，傳統產業組負責採訪的柔廷、文欣和羿萱一邊玩一邊笑，韋伯伯每拿出一個玩具，她們就驚呼連連，一方面是沒見

韋遠進將鐵線扭成了「獻出愛心」，在鐵線迷宮裡，孩子要設法將裡頭的愛心取出來。

童玩達人不辭勞苦，到處分享童玩和童謠。

過，另一方面是覺得不起眼的廢棄材料，竟然可以製作出好玩又有學習意義的玩具。韋伯伯的玩具，很多都是自己根據以前記憶中的樣子來設計，從尋找材料、到畫圖、裁切都是親力親為。近年來，全世界的幼教界都在談論 STEAM 教學，就是提倡在課程中結合科學、科技、工程、藝術和數學這幾個專業領域。沒想到，古早味的童玩，竟然早就具備 STEAM 的各種元素。

太陽西斜，天空已經換上橘黃色的衣裳。我們揮揮手跟韋伯伯道別。回到民宿後，傳統產業組的羿萱寫下她的心情：

在回家的路上，邊把玩著鐵絲又想到伯伯那句話：「萬變不離其宗。」童玩的存在就是散播純粹的歡樂，童玩不只是玩具，更是代表著大家的童年回憶，童玩裡頭又有著屬於祖宗的智慧，透過玩具的形式傳承下來，這樣想著想著，似乎能體會童玩伯伯製作這麼多童玩的本意——分享、傳承與交流。

我想，我永遠不會忘記伯伯臉上滿足的笑容。

而我們和韋伯伯的緣分，還一直延續到後來在十八丁的服務。我們在十八丁辦文史調查成果展，韋伯伯開著他的老車，準時抵達我們的會場。我一直沒忘記他在訪談時說過，台灣宜蘭的傳統藝術中心是他心目中最棒的童玩博物館。因此，從台灣回來後，他內心一直夢想著，希望有朝一日能夠成立一間童玩博物館，把童玩的精神推廣出去。

其實，我一直也想跟韋伯伯說：「您想要建的博物館，你已經建好了。」在每一次的分享、每一次的實作，在不同場合圍繞著聽韋伯伯唱出童謠的時候，那一刻童玩博物館已經建好了！

接手：福清餅就是要兩個人一起做

有幾次，真的只是幾次，我們是需要清晨、天還沒亮的時候出門。通常清晨的小鎮，有特殊的氣味。走在街上，會發現平常白天看不到的景象，例如早上六點就開門做生意的茶餐室、在操場做運動的伯伯阿姨等。

我特別懷念清晨出差的時刻。第一次是在務邊，要參與錫克廟早朝時間前的煮食活動，所以我們清晨五點就出發，跟著錫克族的朋友一起切馬鈴薯、剁洋蔥、做印度煎餅。第二次一樣也是在務邊，要拍攝新咖啡山的瓊美咖啡店，老闆平時的作息是四點半就開始練氣功，五點開始開店，所以為了拍攝他的日常生活，我們也是頂著月光，騎腳踏車穿過新村的小路，一路上不斷被狗吠，心裡有些恐懼。最後順利抵達拍攝地點時，老闆已經在做最後一個動作，顯然還起得不夠早啊！我記得當天的拍攝進行到早上七點時，在太陽正式升起之前，天空不是橘紅色的，而是像放上濾鏡一樣，是紫紅色的！真是特別的魔幻時刻，我默默地看著，直到天色完全變亮。

而這一次在實兆遠，我還想著有沒有機會，讓大家體驗看看清晨出差的感覺呢！果然皇天不負有心人，機會來了，是做福清餅的老鋪子，據說是清晨三點多就開始做餅了。「三點！三點？」我有沒有聽錯，這時間點已經完全超越我的想像了。「呃，還有別的時間嗎？」如果叫大學生凌晨三點起床去做採訪，應該是整個服務內容中最有挑戰的部分了。還

清晨天還沒亮，就開始捏麵團，一盤盤的麵餅等著放進燒爐中。

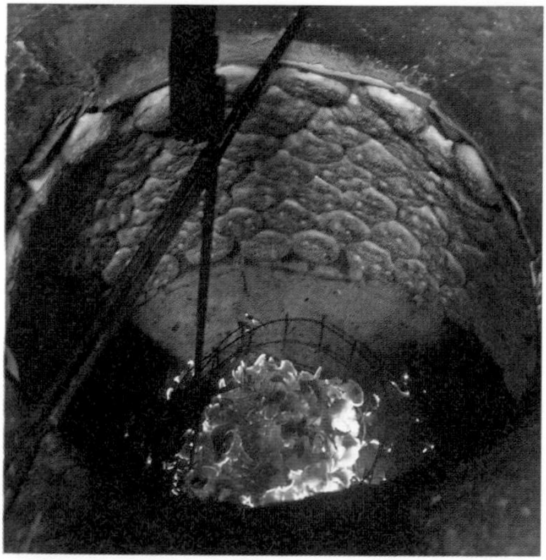

燒爐中烤得金黃色的福清餅，一烤出來就吃，滿口麵粉香。

好福清餅的老闆早上會做兩攤，一次比較早，就在凌晨三點多。而第二次是在清晨五點。

「那我們五點去好了！」

於是，當天清晨四點半，大家的鬧鐘開始此起彼落，簡單梳洗完畢之後，我們騎上腳踏車，往民宿附近的製作福清餅地的房子騎去。清晨的微風沁心透涼，吹了讓人神清氣爽！傳產組的郭柔廷記下了當天的情景：

早晨五點，天色未曉，雞鳴也未啼，小路旁的一間板屋內的紅磚爐卻已在冒著點點火光。這裡是王文發和瞿美麗的福清餅鋪子，夫妻倆，同心協力，一位搗麵團製作餅，一位燒爐貼餅，兩個人的動作如行雲流水般，相互應援，分進合擊，直覺地令人想到楊過和小龍女的玉女劍法。

王伯伯和瞿阿姨的一天就是從這裡開始的，福清餅的製作相當繁複，要先將椰殼點火投入磚爐中，進行燒爐，再將發酵和半發酵的麵團以各半的比例混合，混合後揉成一條長麵團，用切刀將麵團切成一個個小小的麵球。一條長麵團約可切成兩百個麵球，其中又分成包糖、包肉和中空的三種口味。包完餡後，就將麵團壓平成餅狀，放進竹篩子裡沾上白芝麻。接下來的步驟就是貼爐，用剛剛燒爐完後的餘溫將餅烤熟，過個十幾分鐘後，亮著金黃光澤、熱氣騰騰的福清餅就可以出爐了！

阿姨說：「福清餅要兩個人一起做，如果我兒子將來要繼承下來，媳婦也一定要會做才行。」阿姨家裡原是割橡膠的，透過作媒的人和伯伯相識，而後成為了夫妻。雖然從小就很喜歡吃這裡的餅，卻沒有想到自己也成為了做餅的一員，她幾乎是在一入家門後，就受到了嚴格的訓練。問她當時會不會很辛苦，阿姨只是淡然一笑說：「嗯，以前公公很嚴格的。」

一代一代熟悉的味道，在嚴格的訓練中繼承了下來。但是他們的兩個兒子現在皆在外地工作，幾乎是不可能來接手這門家族手藝了。「那以後會有人接手嗎？」我好奇地問。伯伯低下頭，默默地說：「等我們老到都做不了時，兒子應該就會回來了吧！到時候，我再把所有的技藝傳給他們。如果他們不接，就收起來囉！」

這間福清餅鋪子已屹立在實兆遠超過八十年，從第一代福州帶來的老麵團開始，慢慢演變成實兆遠人口中的古早味。這個從故鄉繼承來的味道，在他們的手中持續地傳給下個世代。兩個人，揉著麵團的手沒有停過，貼餅的動作也持續不斷；阿姨身後是在燒爐的伯伯，兩個身影在微暗的屋子裡交疊著。小小一個餅，透露著一段辛勞的移民史。

福清餅是實兆遠的特色小吃，馬來西亞別的地方都沒有這樣的餅。因此，要辨認實兆遠人很簡單，只要問問他知不知道哪裡有好吃的福清餅，他必定能如數家珍。而福清餅一定要趁熱吃，要在剛出爐的時候買來吃，才能體會到它的麵粉香。因此，福清餅出爐之後，伯伯馬上就把好幾袋的餅送到市場去，讓客人可以買到新鮮出爐的餅。還有老顧客熟門熟路，直接闖到這間餅鋪，算好出爐的時間，一買就是十幾二十個。

除了寫文章之外，我們也同時拍攝了紀錄片，片名就叫作「接手」。在遇到老行業的時候，我們最常問的一句話就是：「未來有人接手嗎？」可惜大部分的答案都幾乎跟福清餅鋪一樣。看著七、八十歲的老人弓著駝背、拖著腳步、揮著汗水的身影，他們的眼神盡是不捨和遺憾。歲月的殘忍莫過於此，奮鬥了大半輩子，養活了一家子，最後還是只能默默地收起來。還好，我們已經把他們的身影

實兆遠的特產之一是福清餅，還有另一種有內餡叫作光餅。

永遠留了下來。

兩年後，這兩個每天孜孜不倦地做福清餅的二人組，再三跟我們確定影片都留下來之後，他們就把鋪子給收了，偶爾接接訂單，才會重開爐子。很多時候，我們總以為歷史是三十年、五十年之後的事，但是實兆遠的經驗告訴我，每一天都是歷史。

未來誰想吃道地的古早風味福清餅，就只能在影片裡過過乾癮囉！

老闆和老闆娘夫妻倆合力製作福清餅。

一場麵線的交響樂

當我們大部分人都在都市出生、在都市長大，一切看起來都很美好，因為我們從小到大享受了交通的便利、資訊的發達等等好處。我們習慣到便利商店解決早餐，到便當店買午餐、到超市買菜，一切都看似沒什麼問題，直到我們飛出國，去到另一個地方，用不同的方式在過生活，我們才驚覺、才反省，原來我們不知不覺中也失去了不少。

這一天，我們的行程是訪問一位做麵線的師傅。在馬來西亞，我的故鄉巴生（Klang）有著聞名全馬的肉骨茶，距離首都吉隆坡也不過三十分鐘的車程，所以我也是都市人。而之後到台灣念大學，也一直留在台灣北部，所以嚴格說起來，我的「鄉土」經驗相當薄弱。由於我家裡是種蘭花的，我一直有一種自己是農家子弟的錯覺。所以，當我們安排了訪問做手工麵線的師傅時，我其實腦袋一片空白，不知道要預期什麼，只是呆呆地看著烈日當空，內心暗暗嘆息：「啊，忘了擦防曬乳霜才出門。」

車子緩緩駛進住宅區，在馬來西亞常見的單層排屋前停了下來。馬來西亞傳統的村莊，叫做「kampung」，中文經常翻譯成「甘榜」，通常是馬來人居住的傳統村莊。而隨著新市鎮的發展，有了新式的住宅區，以「taman」為一個社區範圍。「taman」是馬來文「花園、公園」的意思。所以，當台灣人聽到馬來西亞人說「我住在幸福花園」的時候，腦海中不曉得會浮現什麼畫面呢？

前方的排屋滿低矮的，房子前面有一塊空地，空地上矗立著幾根非常老舊的木條。木條上開有一個個的小圓孔。那時候，我們一行人沒有一個人料到，一場麵線交響曲即將開始。訪問過程中，畫面之美深深感動了所有人，念中文系的邱亭昀自告奮勇地說他想要寫今天的文章，名稱是：「像指揮家的手工麵線師傅」。

一個皮膚黝黑、戴著一頂牛仔藍、破舊郵童帽的男人，在屋子與曬麵場來回走動，一趟又一趟沒有間斷地，把一排排還沒開始拉的麵線拿到外頭的曬麵場，身上的衣服被汗水逐漸染成一片。他是林啟春，拉著麵線過了四十多載。

以往看其他師傅做麵，常是厚重的打在桌面上，再一次次甩開麵團以增加彈性。但我覺得福州麵線是輕巧的，外頭烈日高照，林伯伯的動作卻是輕快的，他有節奏地把麵條拉長又縮回、拉長又縮回，麵條也變得越來越細。

麵線像弦，風撩過一根根的弦，它們輕輕擺動著，滿滿的麵粉香在空氣中擴散開來；麵線又如五線譜，林伯伯拿起兩根棍子，像指揮棒般，在飄揚的麵線之間穿梭，就挑開了黏著的麵線，陽光透過縫隙灑了下來。曬飽太陽的麵線，遠遠看起來閃亮亮的，好似音符在上頭跳動著。

製作麵線不只是揉揉麵團、拿出去曬，更需要看老天爺的臉色。若沒有曬乾，麵線會發酵、有酸味。林伯伯倒是看得很開：「天氣哭，我們也哭囉！吃天公飯的不易與艱辛，讓這一種用手工的方式製作的麵線，也越來越少。」

長長的福州麵線也承載著長長的歷史。林伯伯的父親在一九二〇年代自中國福州渡海來到馬來西亞，落腳於實兆遠地區，從那時候就開始做麵線。林伯伯

手工製作麵線的地方，就像是演出一場麵線交響曲。

先把麵團拉成較粗的麵條，然後在烈日下曝曬時，再用人力的方式越拉越長。

從中學畢業後做到現在，屈指一算，至今也已傳承了約八十幾年。問他為什麼想留下這套漸漸失傳的手藝，他卻說：「我是最沒本事的，為了生活罷了。」典型馬來西亞人的謙虛和卑微，卻不知這句話裡濃縮了多少滄桑。

風依然吹著，麵線慢慢被風乾、變硬，一如歲月的痕跡。林伯伯畢生投注於此，生命亦如麵線越走越長，他的兒子也隨他一同拉起了麵線。因此我想，他所堅持的手工精神也會像麵線一樣，留有一手麵粉香，長長久久地延續下去。

亭昀這一篇寫得多麼美啊！「不愧是中文系！」大夥兒盯著投影螢幕，一遍又一遍地閱讀著，閱讀完畢還起立鼓掌。「我的眼睛戀愛了！」大家都對亭昀優美的字句折服不已。那一刻，看著大家臉上的笑容，我真心覺得我們

親身參與手工麵線的製作過程後，我們一起合影，背後就是如詩如畫的麵線風景。

志工團的意義就在於此，看到美麗的人和事物，然後用文字記錄下來，感染更多的人。

若不是親眼看到麵線怎麼做出來，恐怕它只不過是在超市展示架上的一包麵線，跟其他千千萬萬個商品一樣。沒有生命、沒有故事，更聞不到麵粉香和感受不到皮膚上的炙熱。很多時候，我們在每年招募新的志工時，談到為什麼值得花大學時期的一個暑假做這件事。我覺得是：「給自己一個機會，去地球上的另一個完全陌生的地方，看看別人吃什麼、喝什麼，在什麼樣的環境，過怎麼樣的生活。」每到一個新的地方，我都會發現人類的生活方式之多彩繽紛，回頭再看看自己的生活，也許我們本來就有很多種選擇，人生本來就可以很開闊。

再三回味亭昀的文章，腦袋上浮現那個午後，空氣中的麵粉香、太陽底下閃閃發亮的麵線，那個畫面再次打動了我。為什麼每個暑假帶著學生來到這些偏僻小鎮，不是旅遊景點，也不是網美打卡聖地，為的是什麼？原來是因為這些「人」的故事就在這裡。因為我們親身經歷、親眼目睹、親耳聆聽，我們才有幸可以經歷別人的人生。

回想起在實兆遠的日子，吃的最多的就是麵食了。不管是油麵、細白麵或麵線，都是實兆遠人自己製作生產的。當然，隨著時代的演進，手工的產品成本勢必比工廠製作的要來得高。很多消費者只考量價格，必然會覺得手工產品價格太高。可是，如果有機會真實走一遭，真正與人親近，我想一定會有另一層體會，另一種做法。

我想起在前幾年在務邊服務的時候，小鎮上也有一間百年手工醬油工廠。在小小房子的空地前，擺了上百個陶甕，裡面正醞釀著醬油。手工醬油的製作是將黃豆、麵粉、鹽水依照固定比例放入甕中，三個月中天天將甕蓋打開讓醬油曬曬太陽。品質這麼好的醬油，只賣給鎮上的居民，任何外銷的管道都沒有。當時的我，非常納悶不解。結果老闆說了一句話，我一直記住：

「我沒有要做很大，做好比較重要！」

第三站／十八丁

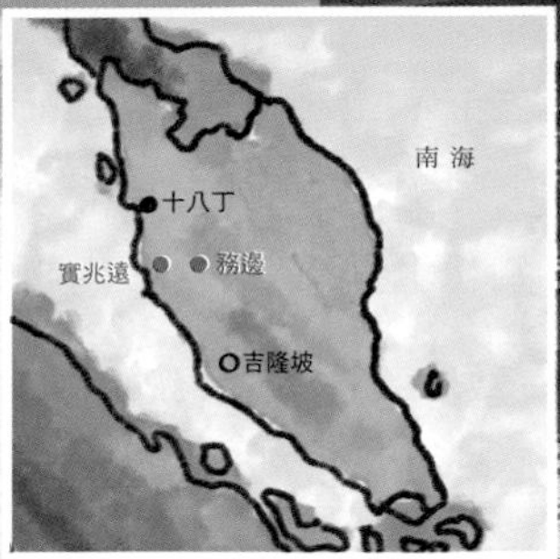

最美的漁村十八丁

從二〇一三年我在馬來西亞霹靂州務邊做文化歷史保存相關的工作後，也開始留意「同溫城」。當時，十八丁（Kuala Sepetang）絕對是同溫城中最厚的一個，因為十八丁也有非常堅強的在地團隊在當地做社區營造的工作。所以，在實兆遠的服務之後，我們選擇到十八丁去。還沒到十八丁之前，我只知道幾個關鍵字：漁村、紅樹林、木炭、蝦米，而中間又有什麼故事？我非常期待。

就像之前的服務地點，如務邊（Gopeng）、實兆遠（Sitiawan）等，每個地名都有由來，而且通常是好幾個不同的版本。十八丁的名稱由來也一樣，在訪談的過程中，我們就問到好幾個版本。我最喜歡的有兩個，其中一個是跟馬來地名相關。十八丁的官方或正式名稱是Kuala Sepetang，所以按照慣例音譯的話就是「瓜拉十八丁」。「瓜拉」這個字是「kuala」的翻譯，意思是「河口」，意即這是一個跟地理環境相關的地名。在馬來西亞和印尼，有很多地名都有「kuala」這個字，所以從地名就可以知道這個地方一定在河口。

馬來西亞的首都吉隆坡，名稱由來也是如此。吉隆坡原名為 Kuala Lumpur，其中 lumpur 的意思是「爛泥」，兩個字結合起來，意思即為「泥濘河口」。而吉隆坡的發源地的確就是在兩條河的交界處。很多人都知道語言承載著文化，要認識和理解一個文化，勢必要透過語言。可是這句話真正的意涵是什麼呢？我覺得透過地名，很忠實地讓我們看到，語言、歷史、地理和文化的緊密關係，透過翻譯反而失去了原本的意境。

而十八丁的地名也有類似的狀況。Kuala Sepetang 當中的 Sepetang，在馬來文中也有特別的意思，se 是「一」的意思，而 petang 是下午的意思，所以 sepetang 就是「一個下午」。據說當時從內陸城市太平到十八丁，因為交通不便，走路要一個下午才能抵達，於是取名為「sepetang」，而後直接音譯成「十八丁」。

關於十八丁地名由來的第二種說法，我覺得更有創意，話說當時這一帶有幾組私會黨，姓「李」的私會黨為了躲避追捕，而將藏身地改成「十八丁」，其中「木」拆成兩個字「十八」，而「子」用「丁」來代替。然而哪一種由來才是真實的呢？幾乎沒辦法考證了。所以，我們也只能當作聽聽故事，喜歡哪個版本就用哪個版本吧！

瓜拉十八丁是西馬霹靂州靠海的一個漁村。過去也是一個沒沒無名的傳統漁村，到是鄰近的內陸城鎮太平（Taiping）比較廣為人知，因為太平早期蘊藏豐富的錫礦，二十世紀末就開始發跡，所以太平很早就有華人礦工。而十八丁也因為錫礦的關係，慢慢發展起來，主要的原因是英殖民政府為了運輸錫礦，便在太平和十八丁之間建了鐵路。這一條鐵路建造於一八八五年，是馬來西亞半島第一條鐵路，如果鐵路還有保留下來，那麼到現在也將近一百三十多年的歷史了。

從太平到十八丁大約是二十分鐘的車程。一條路長驅直入，穿過一些小村莊、紅樹林之後，就表示我們快要到十八丁了。十八丁的老房子，起初是沿著十八丁河，依河岸而建所形成的聚

十八丁漁村的房子就建在河的兩邊。

落。從陸地上看，這些房子看起來就跟一般的房子沒什麼兩樣，但是如果從河上看，就會發現其實房子有一半是用木條支撐著，退潮的時候，偶爾看得到支架就矗立在河床上，而漲潮的時候房子就像浮在水面，頗有海上屋的錯覺。

十八丁的地標是這個寫著四種語言的 Port Weld 火車站牌。

十八丁漁村房子，遠看像是浮在水面上。

十八丁的過港錯落有致的屋頂。

河的兩岸都有人居住，在河的這一邊通常大家就稱作「十八丁」，河的對岸就稱作「過港」。以前「過港」的居民要到市區，必須坐船渡河才能夠到十八丁。所以，過港的發展一直很緩慢，有點像遺世聚落，只隔一條河，卻有著不一樣的風景。二〇一三年，政府在兩岸之間建了行人橋，讓人和機車可以通過，此後，再也看不到撐船渡河的風景，但過港的居民生活條件也同步改善很多。

只是大夥兒聚在一起的時候，似乎也還是會緬懷過去的生活。在建造行人橋之前，過港可說是與世隔絕，因為交通不便，外地人很難進來，居民捕魚回來後也只能待在家中，最多就是到茶餐室喝喝茶、打個牌，婆婆媽媽就到鄰居家去串門子。晚上大門也都不用關，反正家家戶戶也都大同小異嘛！而現在，漫步走在過港，可以看到摩托車和腳踏車停放在各家門口。茶餘飯後，還是會聽到他們說起往事，不時加油添醋一番：「以前啊，覺得坐船很貴，我都是游泳過去的啊！」

我們走在過港，覺得這個地方很美。每一間房子都有自己獨特的設計，斜斜的屋頂，是馬來西亞常見的鋅板屋頂，用木頭搭建起來的梁柱，再用木板一片片釘上去形成牆壁。每一間房子因沿著河岸而建，所以彼此之間錯落有致，但又不顯得凌亂。這樣的建築充分和環境融為一體，讓我們讚嘆居民們與生俱來的智慧。

「台灣來的啊？來玩嗎？可以去坐船遊河出海啊！晚上還可以看螢火蟲。」來到十八丁，幾乎每一個人都會推薦十八丁出海遊，是這幾年發展起來的旅遊配套。既然都來到這裡了，一定要坐船才能真正體會十八丁的魅力。可是，問題是，碼頭在哪裡呢？這裡看不到路標，也沒有旅遊中心。這時候，就是要用最原始的方式，那就是問人啦！

「碼頭在哪裡？」

「在那邊。」

「哪邊？」

「對，你直直走，在一間高高的店面那邊右轉，然後再直直走，就會看到了。」

聽起來非常模糊的一段指示。我們第一次來，當時谷歌地圖也還沒那麼鉅細靡遺，只能硬著頭皮跟著路人的指示走。這一路上，一邊走一邊問，果然還是走到碼頭了。

如果不說，絕對不會有人發現這是一個碼頭。說是碼頭，也不過就是有個木頭甲板，然後幾艘船隻停在甲板邊。我們戰戰兢兢走上船，「噠噠噠」的馬達聲，船緩緩地滑出去，駛進了小十八丁河（Sungai Reba）。在河的兩岸，就是傳統木造房子，林立在河岸邊，特別的是每一戶房子門前停放著的不是車子，而是大大小小的木造漁船。這時，才發現原來我們真的到了漁村。

我們坐在船上，看著天邊的老鷹在高空中翱翔。漁船駛過形成波浪，水花被濺起，我們所有人幾乎第一眼就愛上這個地方。一間間木造房子安靜地矗立在水上，漁船停靠在屋前，從來沒想過，世界上還有這麼美的地方。此刻，我們都忘記了我們來這裡的目的，而深深被眼前的景色給吸引了。

在台灣，很多人都說台灣東部花蓮和台東的土地很「黏」，人一到就被黏住。我覺得，十八丁可能是因為河口的關係，土地的黏性也不遑多讓！十八丁也給我這樣的感覺，人一到，就再也離不開了。

在十八丁每天都看得到的夕陽風景。

與世隔絕的老港

除了十八丁和過港，這裡還有另一個歷史悠久的小漁村老港（Kuala Sangga），坐落在河口的沙洲上，周圍被茂密的紅樹林包圍。由於土地大多為沼澤地，適合紅樹林生長，但卻不利人類居住。這裡的房子都是用木條支撐的干欄式房子，由於地處偏遠，漁村沒有自來水和電源的供應，居民靠著雨水和發電機過生活。巧的是，這裡有一間小學，叫做「培智」小學，而分配到寫老港文章的學生志工，名字叫「智培」，是人社系大四的學生，當時已經推甄上人類學研究所。閱讀智培的文章，會感覺到細膩的心思，如同她的人一樣：

傳說在幾百年前，馬六甲海峽充斥著海盜，他們是海上的霸主，可能征服得了洶湧的浪潮，卻仍沒辦法永遠英勇地稱霸這片海域。老港（Kuala Sangga）正是傳說中最厲害的海盜「海王」最後現身的地方。也有人說，老港人是海王的後裔。關於海王的故事眾說紛紜，海王的傳說讓老港更增添了些神祕感。這也讓我特別期待來到老港這個如鬼魅般神祕、近似與世隔絕的漁村。

「聽說啊，海王最後藏在老港，以前我們十八丁人坐船過去，他都會用手電筒照我們每一個人，怕我們帶警察來！」從十八丁的碼頭航行出港，噠噠噠的引擎聲伴隨著我們經過連綿的紅樹林，老鷹在湛藍的天空中盤旋著。在靠近出海口的紅樹林旁，卻突然看到一排房子，原來這就是老港。

傳說中的海王到底是真實存在過嗎？一些看過他的長輩說他長了兩顆金牙，高高瘦瘦的，而他的助手則是特別兇，長得矮矮胖胖。也因為他的助手太剽悍了，海王便將自己的一塊地分給了這位助手，也因此有了北海王和南海王的別稱。海王對於從外面來到老港的人非常謹慎，目的就是為了防止居民舉報他的藏身地點。他晚上總是睡在紅樹林裡，怕警察的夜襲。後來，海王卻神祕地消失了，有人說他已經過世，也有人說和政府發生了衝突，手下兩個人被打死，很難東山再起。

由於老港的位置已經非常接近馬六甲海峽，因此平時的交通只能仰賴漁船或客船才能抵達。小小的老港，大約還有一百多戶人家。碼頭將老港分成兩半，往右邊走會看到大伯公廟、戲台，到了尾端就是那間可愛的微型學校「培智小學」。我們二〇一七年去的時候，還有十三位學生。到了二〇一九年，只剩下九位。學校雖小，但是校長和老師仍然熱心教育。由於交通不便，校長和老師都是住校，每個周末坐船回到十八丁，然後星期天再回到老港。

碼頭往左邊走，首先會看到老港的「星巴克」，這裡唯一一間茶餐室，提供簡單的飲料和餐點。走在老港的行人道，狹長的走道僅能容納一人在上面走動，旁邊沒有欄杆或是護欄，因此大家都走得有點心驚膽顫的，深怕一不小心就掉下去。在退潮的時候，會看到彈塗魚在泥巴裡移動，很是可愛。

每一間房子都是干欄式木造房子，背對著茂密的紅樹林，大門面對著大海。夕陽西下，海水波光粼粼。在房子前面，是一塊木板搭建起來的空地，平時會曬著蝦米或鹹魚，遠遠看就像是一大片橘紅色的蝦米地毯，風一吹起，鼻腔裡是滿滿的海鮮味。

在走道上再往前走，會看到一間小巧白色的天主教堂。聖母瑪利亞的雕像就矗立在教堂前，每天凝視著大海。

「這座教堂很靈啊！」當地居民指著一棟白色的教堂。聖安納天主教堂是老港唯一的教堂。儘管大部分居民都拜土地公，但是多年來教堂仍屹立不倒。相傳在一九五六年時，老港發生了一場大火，但火勢延燒到教堂附近時卻神奇地熄滅了。二〇〇四年的南海大海嘯，巨浪靠近老港時，浪卻變小了，還轉換了方向。這兩件事都被居民視為教堂的神蹟。因此就算現在島上已經沒有天主教徒，居民仍舊會虔誠地供奉鮮花水果，同時點上紅蠟燭，頗有中西合璧的味道。

雖然老港沒有水電供應，看起來是個資源很缺乏、產業沒落的村落，但這裡一走出家門便可以看到的海景、夕陽和紅樹林，是用錢也買不到的生態資源，讓我有點羨慕這裡的生活。或許，當我自己真正生活在這裡時，又會有不同的體悟吧？

走到了碼頭，搭船駛離老港時，我在夕陽的照耀之下與這座神祕的小島揮手道別，岸邊紅樹林慢慢將這座島隱藏於其後。船身一搖晃，一個恍惚，彷彿剛才的老港行是一場美麗的夢境。

如果在十八丁坐船出海，通常最後一站就是老港。很多人對馬來西亞竟然還有沒水沒電的地方感到不可思議。但是，就因為老港的遺世獨立，讓它保留了最原始的生活樣態。居民靠著捕魚蝦、曬蝦米和鹹魚為生。每一個星期，當漁獲準備好，便坐船到十八丁去販賣，順便採買日常用品。

有房子、有廟宇、有學校，似乎就是一個傳統村落最基本的樣子。曾經風光一時，人口多到可以在這裡設立學校，到如今時代變遷，老港人口越來越少，漁民也紛紛轉行或退休，看著一間間房子因為沒人居住而毀壞破損，被遺棄在海邊，任由風吹雨淋、日曬雨打。我在想，留在老港最後的一個人會是誰呢？會不會到時候他就像是魯賓遜一樣，自稱是島上的國王，每天捕魚蝦來吃，傍晚躺在甲板上，欣賞夕陽慢慢從海平線沉下去，然後伴著星辰睡著？

在老港村子裡唯一的小學，培智小學。

老港狹窄的走道，讓人覺得心驚膽顫。

矗立在老港的天主教堂，沒有人是天主教徒，但是村民依然定期點上蠟燭或鮮花。

向下扎根的紅樹林

國際志工服務是近二十年來，在台灣各級學校國際交流業務中重要的一環。要增加學生的國際觀，最重要就是用自己的腳走出去。但是，我覺得在那之前，也必須先對國際局勢有一定程度的了解，當然也包括不同語言的學習。不只是英文，而是其他的所謂的第三、第四外語。

國際志工教育其實是一整套系統性的知識和學習，目的是希望年輕人在專業科目之外，對世界局勢的發展、對跨領域知識也能有所掌握。再白話一點，就是要對世界上目前所發生的事情有所了解。在二〇一九年八月，我們的服務地點除了十八丁之外，也擴展到太平（Taiping）。我們的服務內容，也從文史資料收集到環保教育和閱讀推廣。這三個主題看起來是不同的專業，但是實際上是息息相關、環環相扣的。

首先，了解了歷史和文化，就能了解自身所處的位置。「知道你的過去，才能知道未來的方向在哪裡。」這一句話大家都耳熟能詳，但是實際上代表什麼意思呢？我覺得從我們的服務項目就能夠領會，這些不同的服務，殊途同歸，都是希望人們關注自己的環境、重視自己的文化，並好好地保留和傳承下去。

最近我被一則遠自北歐冰島（Iceland）的新聞所吸引，標題是「OK冰川已死」。新聞內容是冰島為該國失去的第一個冰川辦理葬禮，因為氣候變遷，全球暖化，導致冰島西部Okjokull冰川（簡稱OK冰川）融化。OK冰川的覆蓋面積原本有十六平方公里，但到了二〇一二年，只剩下〇．七平方公里，從衛星圖來看，就剩下一個小白點。

從冰島到南美洲亞馬遜森林大火，再到赤道的馬來西亞，一樣面臨氣候變遷以及人為破壞的威脅。每年西南季風吹起，就會把印尼森林野火所產生的煙霾，吹到了馬來西亞和新加坡。這個問題已經幾十年懸而未決，以前大家不了解為什麼要燒森林，以及是誰在燒森林。近年來隨著資訊流通，知道是不同的跨國公司在當地所進行的勾當，以及油棕產品的高需求量所導致。這時候全世界都不能再推卸責任了，因為棕櫚油產品常見於各種食物和化妝品中。這是一個全地球人類都應該關注的議題。

「這片紅樹林是西馬半島裡最大的紅樹林，占地大約四萬公頃，可以說是全國管理最好、與建最完整的步道……」戴于玲個子小小的，聲音卻很宏亮。她的脖子上掛著一張用馬來文書寫的導覽員證件，目前十八丁唯一一位生態導覽員。

雖然對十八丁的生態環境有豐富的認識，但其實于玲不是科班出身。「其實我是在半路才踏進門來的啦！」于玲謙虛地說著。畢業後就到吉隆坡工作，在幾年前念及父母已年邁，於是回到家鄉工作，也希望多陪陪家人。陰錯陽差走上導遊的工作。不過，因為喜歡生態、愛好學習新知，她對很多事情都抱持開放態度：「其實這裡的紅樹林有很多可以學習的地方！」

這是夢喬所寫的文章。她是來自中國的學生，但在校園內和一般台生相處得不錯。

很多人對於旅遊的觀念已經改變，速食文化的入侵，

十八丁的紅樹林長得特別茂密。

讓旅遊經驗濃縮成只剩下拍照打卡、上傳按讚這幾個簡單步驟，缺乏與自然、與人的直接接觸。與其說他們不要，我倒覺得是長期生活在都市的人，已經不知道如何和大自然、和陌生人打交道了。

就像此刻我們在紅樹林裡，我們一行人對於眼前這一片紅樹林，也是一無所知。紅樹林是生長在什麼環境裡？怎麼繁殖的？這些裸露出來的樹根有什麼功能？這些問題不斷衝擊著我們的大腦，但是怎麼搜尋都是一片空白，可見我們對環境知識的匱乏。參觀紅樹林後，大家都比剛進來之前了解更多，就讀化學系的靖嵐負責撰寫文章：

陽光從紅樹林間的縫隙灑落，蕨類和老鼠簕在樹叢的陰影下努力行著光合作用，木棧道兩旁的長尾獼猴盤踞在支柱根上休息，陣陣涼風吹拂。這樣生動而活潑的畫面是我對馬登紅樹林的第一印象。

紅樹林在惡劣的濕地環境，以胎生苗來繁殖。

位於馬來西亞霹靂州十八丁的馬登紅樹林，是西馬半島最大、世界第六大的紅樹林，占地四萬公頃，多以沼澤為主，孕育豐富的生物多樣性。雖然被稱作是紅樹林，但是其實樹林裡包含不同的樹種，其中分為四大類：最常被用來做成木炭的紅樹類、生長在河邊呼吸根發達的白骨壤類、作為螢火蟲食物來源的海桑類，以及其葉子可用來製作屋頂的亞答子樹，又稱水椰。

這裡的紅樹林和其他地方最大的不同就是，樹幹挺立且筆直，之所以會有這樣的現象，是由於炭窯業的發展，使得同一區的樹木輪流被砍伐，再將樹苗重新種植回去。新長的幼苗為了在有限的空間中競爭陽光以獲取養分，必須向上筆直地生長才得以生存。

這種在艱困環境中仍刻苦耐勞的精神，就像十八丁人的討海精神。即使出海遇到兇猛的波濤，漁獲不如預期甚至虧本，仍咬著牙堅持信念，一做就是二、三十年；即使被政府視為非法居住地，土地低窪經常氾濫淹水，仍鐵了心與海爭地，建造屬於自己的家。每一個我曾經遇過的十八丁人，都讓我看到了勤奮知命的勇敢。

「雖然紅樹林的生態很豐富，但大部分人還是覺得紅樹林很危險。」很多家長儘管住在附近，也未必會帶孩子走進紅樹林。為此，十八丁的社區組織「看見十八丁」舉辦了好幾次

「大手牽小手」走進紅樹林的親子活動，希望從家庭和小孩開始，推動環境教育。雖然說大家都知道環境保護的重要性，但是，我認為：我們無法保護我們不理解的事物。唯有透過教育，讓更多人認識環境，才可能喚起每一個人心中的環保意識。

靖嵐在文末寫著：「看著在紅樹叢林間穿梭的獼猴，我真心希望有一天十八丁能夠培育更多在地的、兼具人文及生態的導遊或導覽人員，就像紅樹林支柱根堅毅地向下扎根，讓十八丁人的精神和紅樹林堅毅之美，更為人所知。」

我們做的事情，就像紅樹林一樣向下扎根！如果有一天，人類能夠回歸到大自然，重新向大自然學習，我們對周遭環境就會有更多的理解和包容。現在當環境遭遇劫難的時候，就是我們挺身而出的時候。

社區營造最好的實驗地點：看見十八丁

國際經驗是一件很微妙的事情。有時候我覺得大家把這件事想得太艱難，以致於好像要去國際上交流要先具備語言能力，尤其是英語對話能力等等。於是，可想而知，有些人還沒開始就已經放棄。我為了鼓勵年輕人勇敢踏出舒適圈，到「國際場合」去交流，於是想出了一個簡單的操作方式，那就是：「你有沒有外國朋友？」

其實這個問題，我自覺已經有點落伍了。因為自從網路發達之後，全世界流行起跨國跨地域的網際網路遊戲，所以現在的年輕人可能多多少少都有可以「交流」的外國朋友。他們可能是深夜在某個虛擬世界一起對抗大魔王的夥伴，別以為只有在遊戲中見面，現在年輕人可是線上線下都可以交流的。

如果這樣的交流，可以從網路遊戲，延伸到其他生活上的議題，或許也是一個很好的國際交流的方式。就我在台灣的觀察，由於台灣特殊的政治局勢和馬來西亞的教育現況，馬來西亞很多年輕人在高中畢業後，會選擇到台灣的大學念書。很多人畢業之後，回到馬來西亞，還是念念不忘台灣的珍珠奶茶，以及逛不完的書店和藝文活動。這個源自於高等教育的通道，間接造成很多台灣以及馬來西亞華人社會之間的交流。

這樣的交流因為語言和文化相近，變得更熱絡。很多時候，台灣社會的語彙、社會運動，乃至習慣用語，都會同步傳遞到馬來西亞社會，被廣泛地引用或實踐。所以，早期當台灣非常積極在推動「社區總體營造」（Integrated Community Development）時，馬來西亞華人社會也在慢慢地學習。到最近比較「夯」的「地方創生」（Placemaking），兩地之間幾乎可以說是零時差了。

所以，十八丁雖然是個傳統的小漁村，但它在台灣社區營造相關領域的能見度卻是很高的，主要的原因是

「看見十八丁」社區組織和學生志工合照。

十八丁有一個推動社區營造的在地組織，叫做「看見十八丁」。在二〇一三年成立後，以社區為本，這個組織推動了許多環保親子營、研討會、藝術嘉年華等等活動。而每一年，也接待許多不同大學和社區組織，到十八丁來做一些社區活動，促進交流。對於一個小地方來說，有一個這麼有活力的社區組織，聽起來就覺得有點不可思議。我讓學生去認識「看見十八丁」這個組織，希望他們可以了解，很多事情如果想要做一些改變，那就得踏出第一步開始行動。

「看見十八丁」是在二〇一三年由時任州議員的蔡依霖推動，從原本是沒沒無名的小漁村，蛻變成這幾年馬來西亞爆紅的旅遊景點。很多人都會看到旅遊推廣成功的那一面，卻忽略了社區工作，以及更重要的是居住在當地的居民真實的需求。可是，說白一點，真實的需求是什麼呢？不過就是日常生活中所有人都會面對的問題，例如公共衛生的議題，包括垃圾處理、資源回收、水溝堵塞等，其他的更嚴峻的民生問題也很棘手，包括過港居民地契的問題、違章建築、自來水等等。

其實推動旅遊和觀光，並非是社區工作的目的，只能說是其中一個手段，讓十八丁人有機會透過這個機會展示自己，並回頭看看自己。「我們並非想讓外面的人看見十八丁，而是讓十八丁的人看見十八丁。」蔡依霖的這句話，說起來實在有點像繞口令，但卻是社區組織的核心概念。在組織成立初期，蔡依霖本身也並非是在地人，因此對於可以推動什麼活動，找來了社區工作者莊白祺擔任總策畫，希望藉由她豐富的社區經驗，為十八丁注入一些新的活力。

「如果要改變社會，先從改變社區開始。」莊白祺本身就是一個社區工作推動者。「很累的時候，我就會到過港，看著夕陽，還有那些紅樹林。」因為被這裡的濃濃的人情味和美麗的自然風貌所深深吸引，認為不應該只有她看到這些美好，於是鐵了心要把社區工作做好。

「當初我們是一家一家去拜訪、一個個門去敲，請家長讓他們的小朋友來參加我們的活動。」莊白祺回憶起剛開始在辦社區活動的辛酸，就因為想要為這個地方帶來一些改變的契機。多年下來，十八丁的人文風景的確有很大的不同了，民生問題還是要解決。現在大家都知道，這裡有一些人，正在為社區的環境、人文和文化做一些努力。

「這裡是大家可以做實驗的地方。」蔡依霖一直抱著開放的態度來想像十八丁。從一開始很多的社區活動，到建立圖書館，可以說是一個不斷嘗試的過程。就如同她說的：「歡迎大家來到這個地方，做一個夢！想要建圖書館的、想要蓋學校的、想要做劇場的，都在這裡找到可以操作的方式。」我私底下非常敬佩她這個想法。很多時候，我們對於想做的事，一直裏足不前，擔心太多，最後卻什麼都沒做。

「圖書館應該是漁村裡一處很美的風景。」因著這樣的信念，看見十八丁串聯了大學建築講師張集強，以及台灣和吉隆坡兩地的學生，一起改造了過港的一間茶餐室，取名為「角頭圖書館」。在改建的過程中，村民加入提供意見，或者支持又或不置可否，在社區工作者眼中，都是一個重要的啟發、討論和再創造的過程。經營了兩、三年，雖然「角頭圖書館」最後關閉了，但是如果把視角拉到比較長的時間軸來看，這個案例亦是一場大型的社區實踐。

其實這幾年算是我貼身的觀察，而我的感觸是：社區工作，並不是保證一定成功，才能開始。光是啟動的那一步，就彌足珍貴。「凝聚共識」亦是社區工作中永遠不間斷的議程。真正在

看見十八丁社區組織曾經在過港將茶室改建成圖書館，有很多的開放空間，讓小孩在裡面玩耍。

社區裡埋頭工作的人，往往是最辛苦的。我看到第一線社區工作者的辛勞，也常常看到在地工作者的無奈和無助。所以，我從自身能力可以協助的地方，盡量地提供幫助和支持。

所謂的「幫助和支持」，第一步就是「不要造成別人的麻煩」。所以我常叮嚀我們的國際志工，去到一個地方做服務，儘管是好心好意，但不要忘記我們就是提供在地單位一個支持的力量。千萬不要自視太高，以為一個月的「深度」服務會立即為社區帶來什麼改變；但是同時，也不要妄自菲薄，不要因為自認幫助不大或旁人的流言蜚語而完全放棄自己的力量。在這種過程中，我覺得充滿了溝通和互動的美學和藝術。

回顧我自己多年的工作筆記，透過潦草的字跡，我還能想像每個當下的心情。在社區做服務

學生志工在十八丁社區圖書館說故事。

➤圖書館有很多手作活動，
變成居民交流的平台。

需要很多的熱情，但是僅僅有熱情是不足夠的。在這個過程中，「五大能力，缺一不可」，包括文化轉譯力、人際溝通力、美感設計力、科技統籌力和創意開發力。對於社區服務，我自己常常覺得：「很好玩的！太有趣了！」真心歡迎大家加入我們的行列！為自己的社區多做一些。我自己很喜歡的一句話：「能做多少算多少。」只要開始走，就會有抵達的一天。

空氣中的炭燒味：十八丁的炭窯業

在人的感官中，一般最常使用的是視覺、聽覺、味覺，再來才可能是嗅覺。而觸覺對一般人來說，可以說是最少運用到的感官。我記得在政大念書時，上過廣告系陳文玲老師的基礎創意寫作課，指定閱讀是黛安．艾克曼（Diane Ackerman）的《感官之旅》。書中鼓勵我們在生活中探索各種感官，一方面提醒我們許多事務和感官有緊密的關係，另一方面讓我們不熟悉的感官得以重新甦醒。我覺得，我們的國際志工服務就像是一場三十天馬拉松式的感官之旅，而最後我們得以有機會重新成為一個「人」。

其實帶領大學生出國當志工，精神壓力滿大的，一方面我要代替他們的父母確保學生的出入安全，另一方面也要確保服務內容的品質，與合作單位的溝通暢通無阻等等。但我覺得最棘手的事，還是帶著理工大學的學生做人文性質的服務工作。我們的服務內容很大一部分是與人交流，建立關係，然後才是做訪談。而訪談之後，還要把資料整理好，最後寫出來。

如果是紀錄片拍攝，就是去訪談、拍攝，然後再做剪輯。無論是寫文章還是拍紀錄片，如果要做得好，還是需要利用我們的感官，我們需要先感受，才能把服務做好。

在十八丁的空氣中，有時候會聞到海水的鹹味，有時候卻是微微的炭燒味。得天獨厚的十八丁，除了是個漁村，也為紅樹林所包圍，因此，這裡除了捕魚蝦之外，還有製炭業。十八丁的木炭，聞名全馬，幾年前我們還在實兆遠服務的時候，當時訪問的福清餅鋪，火炕中使用的木炭，就是來自十八丁。我還記得一個個油亮的木炭整齊地擺放在小鋪的旁邊，沒想到多年後，我們就真的來到十八丁的炭窯前。

炭窯隱身在紅樹林裡，位在十八丁鎮的邊緣。這裡有三十多家炭窯工廠，簡單地用木頭和木板搭建起的廠房以及鋅板做成的屋頂，早已經被煙燻得黑黑

炭窯外總是堆滿了紅木條。

十八丁重要的炭窯產業，
一個個炭窯如同巨大的堡壘。

的，很不起眼，所以一不留意，恐怕就會錯過。製作木炭？現在還有人在用木炭嗎？需求量大到可以形成一個製炭業？在台灣人的生活中，應該只有一年一度中秋節烤肉的時候會需要用到炭吧！

十八丁很多製炭師傅，到現在都已經是第三代了，憑藉著這裡特有的紅樹林資源和發達的水系，發展成全馬最大的木炭生產地區。一間炭窯工廠，大約會有四到六個炭窯。一個炭窯大約兩層樓高，圓拱的外型，遠看像是大型的巨蛋，用紅磚和紅泥土搭建而成。搭建炭窯也是一門技術，因為圓形的窯必須建得牢固，不能有縫隙。曾經發生過炭窯坍塌的意外，不僅造成虧損，也會引發火災。

「嘟嘟嘟……」工廠外傳來了傳動聲，往外看，原來是一艘運載木條的船駛進工廠旁的小運河。幾個皮膚黝黑的工人一擁而上，把船上的木條搬下來，堆

目前大多還是依靠人力的方式，
把木條搬進炭窯裡。

紅木條的樹皮會影響木炭的品質，
所以在進窯之前，需先削皮。

砌在運河旁邊。我們試著把木條抬起來，發現異常沉重。奇怪了！剛看工人搬運，好像滿輕鬆的啊！船上的木條都卸下之後，工人趕到另一個炭窯前，把木條一支一支地放進炭窯裡。

圓拱型的炭窯，中間做了一個小小的、約兩公尺高的洞口作為入口。一個窯大約可以容納八十噸的木條。木條裝滿後，工人再把洞口砌上紅磚，留下一個小洞口，作為點燃柴火的地方。燃燒的柴火產生煙，在窯內形成高溫高壓，中間經歷大火、中火、小火，到最後關閉整個炭窯，將木條慢慢燻成木炭。經過長達二十八天左右的燻炭過程，木條中的水分慢慢蒸發，而形成木炭。一個炭窯最後可以生產出來的木炭大約是二十噸左右。

回想起參訪、採訪和拍攝炭窯工廠，每一次都深深感受到十八丁人的堅毅和認真。由於整個製炭過程需要大約一個月的時間，從把木條放進去，到生火燻炭，等待冷卻的時間，就要一個月。所以，我們很難在一兩天之中，把所有的製程都拍到。因此，為了完成炭窯的紀錄片，我們幾乎跑了三、四趟，才把所有的畫面補齊。每一次回來，衣服和身上總是沾滿灰，得馬上換下來並洗澡。而當時還是大一的詩穎，更是忠實地記下當時的情景：

一來到炭窯工廠，便被廠內的高溫所震懾。剛才還乾爽的衣服立馬溼了一片，空氣中瀰漫的木炭粉塵也與身上的汗水沾黏在一起，悶熱黏膩的環境讓我不太能適應，只覺整個工廠其實就是一座大炭窯，在裡面工作的人就是那原木，被高溫磨練淬鍊著，需要的不只是體力，更需要耐力。

老闆何丰崎一早就來到現場為我們解說。他有著黝黑的皮膚，濃密的頭髮，雖然戴著墨鏡看起來酷酷的，但臉上卻總是掛著爽朗的笑容，感覺是個相當大氣卻又堅定的人，解說時的台風與口條簡直可以媲美專業導覽員。「我今年四十歲，進入這個行業差不多也已經四十年。」老闆說他自小就在炭窯旁邊長大，所以這樣說一點也不誇張。

「這麼多人要買我的炭就是因為我們是慢工出細活，不敢馬虎。」老闆自豪地說。炭其實分很多種，橡膠樹、棕櫚樹等都可以製炭，頂多十幾天就能成炭，但十八丁因生產硬炭的關係，必須用火候悶燒二十天把原木裡的水分、油質和雜質蒸發完全，再冷卻十天才算完成，因此這裡的炭燒出來又黑又亮，火猛又耐燒，而這也是十八丁的炭遠近馳名的原因。

「老師，妳的手機響了。」我低頭一看，是老闆打來。原來我們想要拍開窯的畫面，請老闆一定要提早告訴我們，好讓我們準備。隔天早上七點，即將開窯。第二天早上，我們帶著緊張又興奮的心情來到炭窯工廠。緊張是因為，老闆說過開窯的那一刻最危險。因為假設溫度還沒降下來，窯一開、氧氣灌進去，可能立即就著火了！

還好這次沒事！只見大約十名搬運工人，有男有女，把推車推進窯裡，裝滿木炭之後，再把推車推出來，到秤重區，老闆在一旁仔細地登記著。之後，工人又把木炭搬到更大型的推車上，以便運載到工廠外的卡車。所有的工作都得靠人力來進行，而這群搬運工人是附近馬來村庄的居民，他們像木炭的游牧民族，可說是「逐炭窯而居」，在十八丁的炭窯廠裡承包所有的工作。舉凡放木條進炭窯、搬木炭出來，他們都做。一個窯大約需要半天才搬得完，在酷熱的炭窯內工作，所有人都黑黑髒髒的，讓我想起煤炭坑裡的礦工。

炭窯產業的艱辛不為外人所知，當我們攝影團隊在開窯時，與工人一起進入炭窯裡，那種高溫悶熱以及灰濛濛的工作環境，讓攝影師撐不了三分鐘，就想要逃了出來。搬運工人每

木炭是工人冒著熱氣和高溫，一根根搬出來的。

一個人都流汗浹背，還不時到旁邊去猛灌自備的冰水。我覺得納悶，於是趁一個空檔，走進去炭窯裡看看是什麼情況，一走進洞口，立刻感受到強烈的熱氣壓迎面而來，呼吸變得有點困難，全身的毛細孔彷彿都被塞住了。我想起我少數的熱桑拿經驗，只不過這裡旁邊放的不是木勺子、水池和蒸氣，而是一條條東倒西歪、彼此依靠著的木炭。身體實際經歷炭窯的熱氣之後，我更加敬佩這些工人的辛勞。未來拿起一塊木炭烤肉的時候，看待木炭的眼光一定不一樣了。

要去炭窯之前，我擔心學生覺得灰塵很多、不耐熱氣等，但沒想到後來閱讀他們的文章，也感受到他們也在積極努力地學習和適應。詩穎文章中最後一段，讓我回味不已：

> 人生就像是這一座大炭窯。年少的我們就像紅樹林裡恣意成長的紅樹，盡情地綻放生命力，為了爭奪陽光而拚命往上長；而步入社會的我們就是那放入炭窯悶燒的木條，得在窯內禁得起煙火薰陶，待所有的稜稜角角被磨平、所有的雜質被蒸發掉時，才是我們成炭的時候。當炭窯再度被開啟的時候，我們留下的是最純粹的精華，笑看風雲淡，坐對雲起時！

玄天上帝過生日

「噹！噹！噹！」嘹亮的鈴鐺聲響徹雲霄。這一天是玄天上帝神誕的重點活動——立大旗安軍儀式。自從我們到十八丁之後，那裡的居民慢慢熟識我們，只要在路上見到我們，大家都不約而同地跟我們叮嚀一定要參與玄天上帝誕辰。此刻我們就在廟門口，阿姨伯伯眾信徒絡繹不絕，每一個人手上都拿著一束香，跪拜在香爐面前，虔誠的表情讓氣氛不禁變得肅穆了起來。

瀰漫在廟中的裊裊白煙，伴隨著「霹！霹！」的揮鞭聲響，為立大旗安軍儀式揭開了序幕。此刻的玄天上帝廟更是人聲鼎沸，加上清脆的鈸聲和低沉的鼓聲，「嘿喲！」一聲，大旗被十幾位伯伯合力豎起。「旗子是要幫助玄天上帝鎮壓四方。這一枝是代表玄天上帝，所以比較高。」在玄天上帝廟正前方的旗子被高高升起，俯瞰著十八丁，彷彿保護著十八丁所有的居民。

兩年前，我有幸跟隨台灣公共電視的《農村的遠見》紀錄片團隊，到印尼峇里島去拍攝千年的農村灌溉系統。遇到的每一位農民都告訴我們，峇里島之所以能夠維繫這個千年的蘇巴克灌溉體系，那是因為他們的社會奉行祖先的智慧：人生要幸福美滿，不外三大因素，那就是人與神、與自然環境、與人維繫和諧的關係。因此峇里島人天天祭神、不與人吵架，而是協商討論，找出團體的共識，同時尊重自然環境，採用自然農法，不傷害土地和水源。

看著萬頭攢動的玄天上帝廟，裡裡外外都是漁村的居民，彼此之間對上眼時輕輕點個頭致意。我們身在居民裡，但也不顯得突兀，畢竟我們已經在這裡三個禮拜了，大部分的臉孔我們都見過，有之前採訪過的漁民，也有漁民的母親或是太太。剎那間，我想起了峇里島人高舉水果鮮花竹籃到廟裡拜拜的神情；又想到漁民出海捕魚時，在汪洋大海中，放眼望去，只有你一葉小漁船，沒有任何東西能讓你抓住，那種無助感，一想到就讓人覺得恐懼。

原來，在十八丁人與神的關係也很近啊！他們和神也維持著和諧又緊密的關係，也和人保持著友善的關係。他們就在實踐平實、快樂而幸福的生活。玄天上帝廟慶不只是一個追求熱鬧的慶典，而是每一個十八丁人生命中重要的儀式。每一次出海前，漁民總是不厭其煩到廟裡拜拜，向玄天上帝說他們即將出海，請求保佑。而家裡的婆婆媽媽更是不會忘記，定時來上香，為家裡的男人求個平安符。玄天上帝廟慶的確也成了我們在十八丁時的重要時刻，負責記錄的孟芸特別記下他們參與立大旗安軍儀式的心情：

踏入廟中，最先吸引我們的不是壯麗的廟宇本身，而是眼前莊嚴肅穆的玄天上帝。「我們這裡啊，已經一百年了！」看著我們瞪大眼睛、四處張望的好奇神情，正在廟裡忙碌的居民熱情向我們介紹著廟的歷史，驕傲地說著自己的神。這裡有一座聳立百年而不衰敗的廟宇，一開始玄天上帝是在竹沙港，慢慢隨著漁民遷到了老港、過港，最後才來到了十八丁。

佇立於香爐中的香逐漸消融成為白煙，我感受到這裡人對於玄天上帝的敬仰。這裡的人們和大自然的連結——不論是海還是紅樹林——那些在海上漂流的日子，在雨林中穿梭的時光，廣袤的大地逼迫我們認清自己的渺小，使得人和神之間的關係更為緊密。緊緊相依的神與人，讓十八丁一年一度的遊街盛事成為了全村的

十八丁漁民出海就倚靠這位玄天上帝的保佑。

玄天上帝廟是十八丁的地頭廟，每一年生日勢必大肆慶祝。

盛事。無論是理事會、各地廟宇，或是外地回來團圓的人，以及在家門前擺著供品的居民，都因玄天上帝而形成一個充滿生命力的社區。

遠方的微光畫破了黑暗的街道，「咚隆！咚隆！咚隆！」急促的鼓聲打醒了仍然沉浸在立旗震撼中的我們，回頭望去四個華人青年抬著的印度神轎，由拿著火盆的青年領

印度神也準備好盛裝出席玄天上帝廟廟慶。

每年農曆六月底就是十八丁熱鬧的玄天上帝廟廟慶。

路，緊接在後的是四個打鼓的印度人，替神轎撐傘的人則殿後，浩浩蕩蕩地前行。隊伍的步伐踏進廟的前院，年輕人搖晃著印度神轎，彷彿印度神與玄天上帝正在寒暄。這裡每個人身上都交融著不同的文化，就像穿梭在十八丁巷弄間的馬來人郵差，用著流利的福建話與居民溝通。多元族群的文化交融，連神也不例外。

來到十八丁，漁民乘著小小的漁船出海，在一望無際的大海中，獨自作業。他們並不會輕易透露孤寂和無助的心情，反而靠著一次又一次的上香和拜拜，他們把生命全心全意交託給神。如同一位大哥說的：「我們哪，生命在海上漂啊！出了海之後，我們唯一能依靠的，就是神。」

小漁船在波濤洶湧的大海中只能搖搖晃晃、隨波逐流，但也因為如此磨練出堅毅的個性和強悍的外表。「叮！叮！叮！」漸漸減弱的鈴鐺聲，象徵著今天的立大旗儀式告一段落。儀式結束，廟周圍的夜市才正要開始。居民把握這一年一度難得的盛事，吃著熱炒、喝著冰水，和家人朋友相聚一堂。十八丁彷彿又活了過來！

印度神和三太子同台演出的遊街

很多人會挑選節慶時到當地旅行，因為這時候會看到有別於平常的風景。在馬來西亞各地，因為有不同的族群，所以也有不同的節慶活動。就像有一次我在北馬的檳城（Penang），剛好是農曆七月，檳城喬治市的老街區，幾乎每天都有人在舉行鬼月的祭拜儀式，除了唱歌仔戲之外，還有熱鬧的流行歌舞表演，以及燃燒金紙的活動，一整個禮拜夜夜笙歌，非常熱鬧。而平時去的話，反而看到的是街區的寧靜和樸實。

以十八丁來說，除了華人農曆新年之外，另一個盛大的日子就是一年一度的玄天上帝廟神誕活動的遊街。「遊街」是當地人的說法，其實就是台灣俗稱的繞境活動。玄天上帝廟的神誕活動通常是在農曆六月下旬舉行，而當中的遊街則會選擇在星期六晚上，方便在外地的遊子回鄉參與。這一天，就是我們期待已久的遊街活動。記得當天早上一起床後，我就興致勃勃地跑到十八丁大街上去，想必大街上一定熱鬧不已，畢竟是一年一度的大節日嘛，正是做田野調查的好時機！

結果到了大街上，還是跟平時一樣，阿姨有的在買菜，有的在茶餐室裡喝茶聊天。空氣中聞不到一絲絲節慶的味道。我暗自在想，可能時候未到。下午三點，我再出門到大街上，下午烈日當空，整條路上更是人煙稀少。只做早市的茶餐室甚至已經把鐵門拉下來，只見三三兩兩的人在雜貨店買東西，雜貨店老闆還在打盹呢！我開始懷疑：今天真的有遊行嗎？學生李孟芸和卓思良也有同樣的疑問：

「哎呀！遊行要六七點才開始啦！」阿姨這麼說。這是這裡表達時間的特殊方式，例如：「幾點吃飯？」「一兩點。」「幾點出發？」「五六點。」到底是幾點呢？那就要靠經驗囉！於是，在「六七點」的時候，我們到處閒晃，看到居民也開始把供桌擺在家門前，有些比較講究的會釘上紅布條。供品中必備鮮花水果，還會分葷素擺放，有要給濟公的下酒菜和酒，也會點燃起印度神喜愛的沉香……

在村子的另一頭隱身住宅區裡的印度廟也一樣熱鬧。「咚！咚！咚！」緊湊而響亮的鼓聲，吸引了我們的目光。在一棵大樹下，一大群赤裸上身，腰上綁著黃藍布條的年輕華人男子正在為印度神轎子做最後的準備，原來是印度神也來湊熱鬧啦！

「時間差不多了，怎麼還不出發呢？」我內心納悶。只見印度廟深處，一群人靜靜地圍觀，每一個人神情肅穆，但又同時拿著手機拍照或錄影。我走近一看，只見一名祭司樣貌的印度男子正在一名年輕華人男子背後抹上不知名的粉末，然後再捏起背後約一公分的肌膚，穿過一根根銀白色的小鐵鉤，小鐵鉤後連著長長粗粗的麻繩。第一次看到這畫面的台灣學生

十八丁人家門前，都擺好了供品，等待遊街的開始。

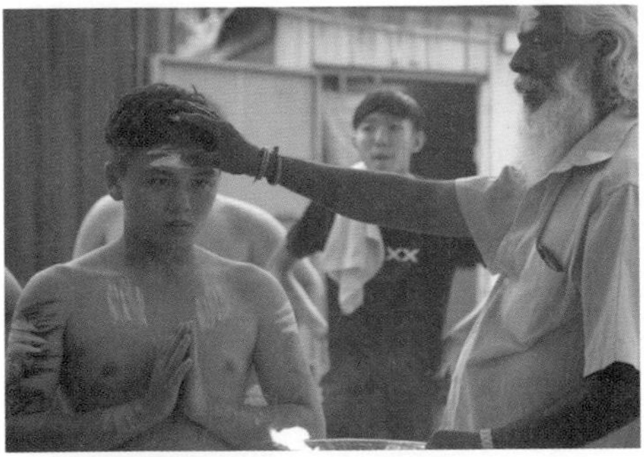

印度神的信徒正在準備參加遊街。

自願來向印度神還願的信徒趴在地上，背部穿過一根根的鐵鉤。

已經驚訝得合不上嘴，兩隻眼睛瞪得大大的。神奇的是，鐵鉤穿過的地方，都沒有血。

「他們為什麼要這麼做？」我看到這群大學生神情有點驚恐，只好安慰他們說：「這是信徒自願的，因為是還願的一種方式。」有的學生不敢看，就在旁邊跟其他的神像拍拍照，然後回來報告說：「這裡有四尊神像，一尊濕婆神、地神與兩尊戰神。等一下他們會一起參與遊行。」每一個神橋重約四、五十公斤，所以一路上要換不同的人背著走，齊心合力才能完成這場遊行。遊街開始後，可謂熱鬧非凡：

「咻！砰！」燦爛的煙火宣告遊街開始。隊伍最前方的舞獅一個躍步向前，民眾與奮地喧鬧著，遊街就這樣在一片歡騰聲中開始。一台一台的神轎緩慢地在小巷內移動，所到之處，人們都站在門口迎接。「啪！啪！啪！」道士將鞭子甩在地上，頸掛長鞭、手持令旗的廟方人員走在每支廟的隊伍最前頭。他也會在擺著供品的店家或住戶前方，用福建話大喊一聲「發啊！」鞭子一揮到地上，居民雙手合十感謝回拜，祈求著新的一年能有更好的生活。

有的神轎比較優雅，安靜地經過，信徒也優雅地回拜，也有的可能是請來了夜店DJ，在小卡車上架著混音器和大音響，播放著節奏強勁的流行歌曲。只見年輕人圍繞著音箱，跟著音樂跳舞，帶頭的竟然是兩位帶著墨鏡、身上閃著LED燈的電音三太子！不同語言的歌曲交雜成歡聲鑼鼓的景象，有印度歌曲，也有英文歌，仔細一聽還有許多台灣的時下流行歌曲，例如「打鐵」、「剛好遇見你」等，一首接著一首，好不熱鬧。電音三太子所到之處，遊街的氣氛也隨著歌聲達到了高潮，從三歲的孩子到八十歲的阿公全都舞動著。一個個的表演、一首首的歌曲好似各神明在相互較勁著。

我們除了參與遊街，也安排了幾位學生站在固定的地點，仔細地計算參與人數。小小的街道上擠滿了三十多支神廟隊伍，共有四十多座神轎，總共將近一千六百人參與這次的遊街。這個人數還不包括圍繞在旁邊的居民和遊客喔！「興啊！」、「旺啊！」、「發啊！」聲聲不絕於耳。對於居民來說，這次的遊行不是為了圖個熱鬧而已，更是一個祈求來年豐收、闔家平安的日子吧！

除了道士甩鞭、乩童祈福之外，我們還看到在遊街的過程中，有人在路口燒金紙。原來玄天上帝是遊行的負責神，這次的遊行，還有許多「小工人」的幫忙，這些我們看不見的「好兄弟」，在遊街的過程中也提供很多的協助，於是玄天上帝就得「付薪水」給他們。突然覺得，這裡的神怎麼跟印象中的威武、肅穆、神聖的感覺不太一樣，好像多了一些「人味」，彼此溝通、多元共存、和平共處。

其實，在這股熱鬧的氣氛中，台灣的這群學生，也感受到這不只是一場神明的遊街，而且：

> 對於十八丁人來說，遊街不僅僅是一個宗教活動，更是讓遊子回鄉團圓的日子，就如同第二個農曆新年。對於我們來說，是一場全新的體驗，多元包容的種族、不同宗教的神明齊聚一堂的景象震驚了我們。馬來西亞多元族群的社會，直接地體現在這場遊街之中。隨著店家燒紙錢祈福一年興旺的煙灰飄散在天空，逐漸散去，晚上十一點，大街再次恢復以往的寂靜，但這場遊街卻已經深深的烙印在我們的十八丁回憶裡。

從傍晚六點多就出門，到半夜十二點，我們才回到民宿集合，大家臉上依然神采奕奕。平時這個時間，大家早已經

遊街最特別的地方就是印度神也來參與其中！

一年一度的遊街吸引了民眾駐足觀看，非常熱鬧。

準備「洗洗睡」了。只是，誰能不被這精采的遊街吸引呢？台灣雖然一年到頭都有大大小小的廟會活動，但親身參與馬來西亞的遊街之後，又覺得有一些不一樣的地方。有時候，宗教文化活動的感染力就是如此，很難言傳，但是絕對感受得到，也讓這些學生產生回台灣後參與廟宇繞境的念頭：

首次參加廟會的遊行，竟然不是在自己的家鄉——台灣，而是在馬來西亞的十八丁小漁村，這樣的文化衝擊一直讓我記在心底。尤其是在一開始請神儀式時，印度神第一次出現在我眼前，祂那深邃的五官搭配青綠色的臉，一旁放著一把大刀威武地坐在神壇，感覺好像無時無刻都在緊盯著我，令我毛骨悚然。

「鈴！鈴！鈴！」竟然是媽媽的來電，我開玩笑地對她說：「台灣的廟會我都沒參加過，結果卻跑來馬來西亞參加！」抬頭看著在神轎周圍輕輕顫動的羽毛，彷彿是神明在我耳邊喃喃細語著祝福。我暗想：「這次回到台灣，一定要找一個廟會去參加！」

在十八丁當一日漁夫

「轟隆轟隆……」引擎的聲音震動著船隻的甲板，翠綠連綿的紅樹林河岸逐漸在視野內退去，拖網漁船載著我們來到了一望無際的大海。我們從馬來半島西海岸的十八丁河口出發，陸地已經被我們遠遠拋在後頭，只剩下太平山的剪影依稀可辨。遼闊的天空連接著海水，在搖晃的水波上唯一的憑藉就是這艘漁船，剎那間聒噪的引擎聲彷彿心跳一般，透過木製的甲板傳遞到我們身上。

在清大念人文社會系學士班的又卉是一個含蓄內向的女孩。這一天她連同另外三位夥伴，一起在一艘B型船上，跟著漁民出海。臨行前，我叮嚀他們務必要穿上救生衣，注意自身安全。其他沒有機會跟著出海的人，也只能透過她的文章，窺探漁民的生活。

船長室裡有台小電視，螢幕上的衛星圖有個小白點，標示著我們船隻的位置，順著綠色的線條慢慢移動，前往海上捕蝦的目的地。這次帶我們出海的是王薪海、張牙吉兩位大哥，我們所乘坐的船隻是王新海的父親留下來的B型拖網漁船，在十八丁是常見的捕蝦船種。由於政府規定B型船隻只能在五海里以外進行捕撈，因此兩位大哥必須將船隻由十八丁河駕駛到近海，才能夠開始下網。

平常兩位大哥都在晚上十、十一點左右出海捕蝦，到達五海里外的地方大約要三個小時，每次出海捕撈會放三次網，一次放網需等待三個小時，因此整個捕撈過程大約要九個小時，再加上去、回程的時間，大概要到隔天兩、三點才會回到岸上。所以，整個捕撈過程大約需要十二到十五小時的時間。由於需要長時間待在船上，牙刷、淡水、炒菜鍋等日常用品一應俱全，儼然是一個海上家屋的模樣。

要不是我們有機會來到十八丁漁村，可能我們永遠不會知道平常盤中的魚蝦是怎麼被捕撈上來的。「誰知盤中餐，粒粒皆辛苦。」這兩句大家耳熟能詳的詩句，講述農夫種稻的辛苦，想必每個父母都曾經用來囑咐小孩要把飯吃完。可是魚蝦呢？我們似乎就不是那麼清楚了。因為十八丁，我們才有機會近距離接觸漁民，注意看這裡的每一個漁民，幾乎都是皮膚黝黑、眼睛常常因為畏光而瞇著眼，眼球因為經常熬夜捕蝦而布滿血絲。

老家在野柳的名勛，家族也都是漁民。就因為有著類似的背景，當他知道服務地點的十八丁也是個漁村時，就想要來看看。這一次，竟然也是他第一次出海。「怎麼可能？你爸不會帶你出海嗎？」一名勛欲言又止，只是輕輕地搖搖頭。這一次的出海，讓他想起了很多往事：

隨著漁船駛向大海，原本高聳壯闊的紅樹林，漸漸變成了遠方海洋和天空交接處的一道墨痕。一成不變的景色、連日的疲憊，讓我的眼皮越來越重……

「早跟你說過了嘛，捕魚很辛苦的，你要好好念書。」每當我不想寫作業時，身為漁民的爸爸總是這麼對我說。因為沒有親身經歷，我以前對於他口中的辛苦毫無感覺。直到我真的站在這片汪洋之中，才了解到自己過去的無知。沒有任何一條繩索，能抵擋一波又一波浪濤的襲來；沒有任何精準的儀器，能預測瞬息萬變的海洋，我們只能任「天」宰割。此刻，爸爸過去口中的一字一句，都和眼前的景色融為一體。

名勛和又卉等人這次跟著出海，親眼看到漁民怎麼操作捕蝦的機器，可以說是非常難得的機會。因為這些畫面，通常我們在茶餐室訪問漁民，他們似乎也無法準確描繪操作狀況，很多時候還是要親眼看到，甚至親手操作才能了解箇中滋味。又卉顯然是一邊看一邊做筆記，那麼關於捕撈的做法，我們就跟著她來了解：

準備出海的漁船，面對未知的大海，只能勇敢前進。

一望無際的海上，只有自己這一艘漁船。

由於一次出海大約是十二到十五小時，所以漁船其實也是漁民另一個家。

拖網船最大的特徵就是船尾收著捕蝦網的滾輪，綠色的網子中間纏繞著鐵鍊。放網的時候兩位大哥一人站一邊，先把漁船兩側的木條向外拉開，用繩索連接木條和拖網，再拉開關讓滾輪轉動，魚網慢慢沉入海面，直至完全看不見為止。漁船拖著網子的時候，速度明顯慢了下來，在海面上緩緩前進。長達三小時的放網時間，是出海時最閒暇的時刻。大哥說：「通常我們會跟別的漁船聊對講機！甚麼都聊，不然就看著這片海發呆。」

原來在海上捕蝦的工作，與其說是「捕」，更多的時候是「等待」。放網後三小時，好不容易等到了收網的時候。船的後方有一個大滾輪，這是捲繩器，機器啟動後，兩個人一人站一邊，在機器收網時，還需要將纏繞在網眼上的螃蟹魚蝦抖落。機械式的滾輪，捲起魚網來是又快又急，所以意外很容易發生，在操作時要非常謹慎，若不小心輕則畫破皮膚，重則手會被網捲進去。所以一艘捕蝦船，通常是兩到三人一起出海。在十八丁，通常是家庭裡的親戚間合作，早期很多是父子或兄弟，後來擴展到親族之間，而近年來更是引進印尼、泰國的外籍勞工。

又卉把我的思緒又拉回到漁船上：

身旁「嘎啦嘎啦」的引擎聲、牙吉哥和薪海哥的吆喝聲，再次把我喚回身處在馬六甲海峽上的漁船。他們要我們遠離兩側走道，我抬頭一看，在船後方已有十來隻的海燕早已虎視眈眈，時而向海面俯衝抓魚，一下就把魚吞進肚子裡。兩位大哥站在船的兩側，戴上手套，將捕蝦網的繩子甩上捲繩器，繩子越拉越緊，網子也越來越靠近水面，不過一會兒，斑駁的魚蝦貝類一同被捕撈上來。

「哇！」魚網一打開，看到各種蝦類、魚類、螃蟹、烏賊、水母、海參、鱟，驚嘆聲連連。大哥先將蝦子依照大小略微分類，可以吃的魚類集中到另外一籃，其他不要的則掃到旁邊，我們幫他們把硬殼的鱟挑出來，丟回海裡，最後再用水沖沖甲板，讓不要的魚類順著水流從船隻的孔洞回歸大海。只見阿吉哥些許落寞的神情，或許是這次的魚網沒能拉上他們口中那罕見而昂貴的大黑蝦吧！

這些蝦子捕撈上來之後，還要再拿去漁行賣，船頭有個冷凍櫃可以保存大量的漁獲。蝦子依照大小區分會有不同的價錢，一般的大蝦大約是一公斤馬幣十塊錢，中等體型的蝦子一公斤馬幣七至八塊錢，手指大小的蝦一公斤馬幣五塊錢。價錢比較好的是白蝦，一公斤可以賣到馬幣二十塊錢。放一次網的漁獲所得大概是馬幣三百塊，另外還需要扣掉油錢，一天的捕撈所花費的柴油開銷大約也要馬幣三、四百塊，因此每次出海需要放三次網才有可能回本。

回到陸地上，名勛和又卉等人回到民宿，他們繪聲繪影地描述出海的經歷和感受，沒有機會去的人都紛紛覺得好可惜。真希望有機會可以再跟一次！結果這一趟小小的旅程，隔天幾乎所有十八丁人都知道了。

「你們昨天跟他們一起出海喔！」隔天在街上遇到漁行老闆時，他這樣跟這群學生打招呼。這裡的漁行就是中間商，向漁民收購漁獲，並賣柴油和冰塊給他們，再把魚貨分裝批發出去。有些漁民需要買船的話，可能會跟漁行借錢，欠款就從每次的漁獲當中

經過三小時的等待後，終於可以把網拉起來，之後就是挑選漁獲，把蝦子挑出來，其他的回歸大海。

扣除，當然也變成每次漁獲只能賣到特定的漁行去。如果是「自由身」的話，當然哪兒價格高，就賣到哪裡。

當天晚上，我看著他們拍攝的畫面，因為天氣不好，海水也變得灰灰的；很多時候，想到海邊我們就會直接聯想到沙灘、藍天、海浪等。可是，有一群人靠海為生，彷彿遼闊無際的海是他們巨大的藏寶庫。只不過，也要自己動手去做，才會有自己的收穫。來到十八丁，我發現人的心情也比較容易放鬆，少了都市人的壓抑和焦慮。我想，一定是眼前這一片海默默地療癒了我們。

大海就是我的銀行

「到了服務地點，在街上要主動跟當地人微笑，看到人要大聲打招呼。」

每一年，我都會在出發前一天的行前會議上如是叮嚀這些大學生。不只是基本禮貌，而是我們去的都是小小的地方，一有外人出現，而且一待就是一個月，通常沒幾天全村的人都會知道我們的底細了。所以儘管我們還沒認識所有人，但是幾乎所有人都「認識」我們，所以乾脆就逢人就點頭致意吧！

這樣說一點也不誇張，例如在十八丁的時候，有太多事情讓我們不得不佩服當地人的「資訊傳遞與儲存」功力。印象最深刻的就是，第一年在十八丁時，我帶著當時剛滿六個月的女兒開開，常常出門就會抱著她。過程中，我也沒有特別跟街坊鄰居聊天，但是第二年我把女兒放娘家，托我媽媽幫忙照顧，結果遇到雜貨店老闆、來買菜的阿姨，都會隨口就問：「妳的 baby 呢？」事隔一年，他們竟然還記得，實在讓我佩服他們的記憶力。

第三年，我又帶著剛滿七個月的二寶兔兔到十八丁去，街坊鄰居看到嬰兒都投以關愛的眼神，也會詢問他的一些資訊，例如月數、性別等等。我原本覺得這也不過是尋常的「歐巴桑」式閒話家常，不料其中一位阿姨脫口而出：「上次那個大的沒帶來嗎？」簡直讓我目瞪口呆。我敢肯定，我之前都沒遇過她、也沒聊過天，但沒想到我卻已經被「輸入」進她的腦袋中了。有了小孩之後，我在十八丁更是感受到特殊的人情味。他們對小孩子的友善和關愛，是真誠、真心的。

同樣地，這些學生也深深感受到小地方的人情味。名勛坦承，一開始我要求大家出門走在路上時，「不要自顧自地聊天，而要主動跟人對上眼，然後點頭微笑」這件事情很困難，應該說感覺很彆扭。可是，幾次下來對方也是友善地點點頭，慢慢地大家就卸下心防了。「以前我小時候，野柳也是這樣的。」他想起小時候，家鄉野柳的人也是這樣，彼此之間見到面會打招呼，聊聊天。可是不知道什麼時候開始，他見到街坊鄰居會默默低頭走過，避免和對方對上眼。

我想起自己曾經在台北車站訪問印尼移工朋友，我問她們說：「在台灣和在印尼生活，有什麼不一樣？」其中一位的回答，我一直記得：「台灣人好像比較不喜歡笑。我們在印尼是就算不認識，如果在路上面對面走過，也會跟對方點頭微笑。」的確，城市的鋼骨森林把人的距離拉大，各種科技產品似乎把世界變小了，但是人跟人的關係卻疏遠了。

來到十八丁，我們反而體會到人與人之間最純粹的情感和連結。三年裡來十八丁三次，我們似乎跟陳義大哥一家特別有緣，他們住在過港，生活過得平實而質樸。又卉在文章中將陳義大哥活生生帶到了我們的眼前：

> 「嘩啦嘩啦……」一艘漁船畫過水面，向著河口駛去，擾動的水波連帶著周圍停泊的漁船一陣喧譁，我席地坐在水上房屋外面的木製平台上，感受著底下水波的律動。「以前放學回到家都會直接跳進河裡面游泳。」回憶起童年的愉快時光，陳義大哥臉上浮現出笑容，露出僅剩的三、兩顆門牙。對於從

陳義大哥與他的漁船。

陳義大哥抓緊時間修補魚網。

小就生活在過港，以捕蝦維生的他來說，河和船已經成為生命中的一部分了。

和十八丁許多漁民一樣，陳義大哥從小就跟著爸爸在海上捕魚蝦，對於討海的生活一點都不陌生。少年時候曾經先後前往吉隆坡、新加坡的工廠工作，但總覺得受雇於人壓力很大，工資也不高，於是做了兩三年又回到了十八丁，為此還被爸爸唸了一頓。他開玩笑地說寧可回來給爸爸罵，也不想挨老闆罵。結了婚之後想在故鄉安定下來，於是便開始了長年討海的人生。

像這樣離鄉到吉隆坡或新加坡打拚的故事，是馬來西亞很多人的共同經歷，尤其像十八丁這樣的小漁村，更是如此。近年來漁獲量大幅減少、討海生活凶險不易，很多漁民因此對於未來亦不抱希望，所以孩子長大之後，也鼓勵他們到鄰近都市去找工作。新加坡因為匯率的關係，就算是基層的工廠技術員，薪水也比馬來西亞來得高，因此人們趨之若鶩。又卉和陳義大哥談完話後，一夥人就跟著陳大哥一起上船了：

小心翼翼地踏過由木板拼接而成的走道，才五十公分左右的寬度，一不小心踩空的話，下面就是河水了。站定腳步後，我們跨進了他的第二個家——捕蝦船。木製船上是工作也是生活空間。在控制室內，各樣的捕蝦工具擺放在桌台上，船內的天花板處有個隱藏的櫃子，掀開蓋來，裡頭有定位雷達、對講機，還有如藏寶圖般卷放在一旁的潮汐曆，裡頭清楚寫著每一天浪潮大小，大哥便是看這年曆，決定出海的日子。

潮汐決定出海的時間，而風浪則決定出海的安全。每一次出海，都是用命換來的。回想起二〇〇四年的南亞大海嘯，正在海上作業的陳義大哥，遠遠看見高於船身的巨浪襲來，趕緊調頭。我問他當時是否會害怕，他只是淡淡一笑：「現在回想起來只覺得很可惜，忘記拿起手機拍下那個畫面。」儘管陳義大哥愛開玩笑，但面對大海，他仍抱著幾分嚴肅與敬意，絲毫不敢馬虎。

一般人很難想像什麼是海象凶險，自從在十八丁服務之後，我的臉書上開始有十八丁的臉友。這幾年來，不時就傳來當地漁民出海發生意外的新聞。儘管是透過網路媒體接觸這些新聞報導，仍然讓人感覺到生命的脆弱和無常。

陳義大哥通常晚上十點出海，到隔天下午兩三點才回來。回來之後，把漁獲拿到漁行去賣，就回家休息補眠。有的時候睡不著就補補魚網，或者到茶餐室去喝杯茶。我聽他說著哪裡的海域有蝦子，以及他們捕蝦的技巧，這些海上知識都是用畢生的經驗累積而來的，沒有課本教你，也沒有課程可以上。看著河邊停靠著的漁船，每一艘上面都有字母，不是A就是B，另外還有C，只是在十八丁比較少見。一問之下才知道，原來這是漁船分類的方式。

在十八丁，會看到漁船控制室外以黑色油漆畫了個實心圓，圓圈內寫著字母A、B或C。這是漁船的分級方式，不同字母分別代表不同的漁船大小，由小到大分別是A至C級，船的大小也影響了出海的遠近。

大致來說，分級是如下的：

A型漁船最小，主力是撈蚶，可以捕撈的海域在三至五海里之間（一海里約等於一．八五二公里），即乘船大約一小時的距離。A型船的特徵是船頭有個長長交叉狀的捕撈網，撈蚶人會將它探進河床的泥土裡，把蟄伏土中的血蚶一網打盡。

B型漁船則較大，主要用在捕蝦，工具則是船尾的拖網和滾輪。依馬來西亞的規定，B型船的作業範圍是離岸五海里以上的海域，大約兩到三小時的行船距離。到達指定的海域後，便會把網放到海裡，船隻繼續前進，拖行魚網約三小時。網中撈到的魚蝦越多，漁船的速度也會越慢，最後用機械滾輪收網，再做魚蝦分類、冷凍儲存的工作。

陳義大哥有三個小孩，其中大兒子家勁因為認識了我們台灣來的大哥哥思良，而萌生到台灣念大學的念頭。一次在他們家聊天時，陳義大哥問我在台灣念大學大約需要多少錢，我粗略地計算了一下，把金額告訴他。他沉默了好一會兒，然後說：「多讀一點書是好的。沒關係，大海就是我的銀行。我就努力一點出海賺錢，讓他去台灣。」

好一句「大海就是我的銀行！」第一次聽到這裡的人這麼說的時候，感覺好霸氣！陳義大哥說這句話的時候，是充滿自信的。這是我覺得是討海人跟其他人不一樣的地方。他們的胸襟，彷彿跟大海一樣豁達。以前總是以為，靠天吃飯的人比較容易悲觀，可是這幾次的接觸後，我反而從他們身上看到人的謙卑、敬天的精神。人跟大自然本來就是分不開的啊！說來慚愧，每一年只有這個時候，是我和大自然最接近的時刻，而這些都是當地人教我的事。

十八丁漁村常見的 A 型漁船，以捕蚶為主。

B 型船是專門捕蝦的船隻，在十八丁非常多，常常是停泊在房子的前面。

C 型船體積比較大，但在十八丁比較少見。

十八丁的海洋大學：蝦米場和血蚶場

環境保護是這世代重要的議題，二〇一八年一位來自瑞典的少女 Greta Thunberg 發起星期五罷課行動，以便喚醒社會大眾真真切切為環境做出改變。但是很多時候，住在都市裡的人，對於環境和氣候的變遷往往感受不是那麼深。以台灣來說，可能最大的感受是每一年越來越熱的夏天。每一年的新聞報導都會說這是「史上最熱的一天」，但是這個「史上」似乎每年都發生，意思是說每年溫度都在提高中。

在馬來西亞的話，過去我們都會說馬來西亞有旱季和雨季兩個季節，但近年來，網民已經在開玩笑說，位於赤道附近的馬來西亞也有四季，那就是榴槤季、水災季、登革熱季和煙霾季。除了榴槤季是比較愉快的季節外，其他的都是跟環境災害有關的季節。很多都市因為城市規畫不完善，排水系統做得不夠好、人們亂丟垃圾的不負責任的態度，使得一下大雨就會形成水災。很多人或許覺得這是自然現象，但是仔細觀察，這可能是大自然的反撲，背後涉及很多的人為因素。

特別是近年來，七到九月時因為吹西南季風的關係，而把印尼蘇門答臘（Sumatera）和加里曼丹（Kalimantan）的煙霾吹到星馬一帶。大家都知道新加坡是一個乾淨的城市國家，全國禁止口香糖，但是當面對無國界的煙霾時，卻也顯得無能為力。過去新聞媒體會把煙霾的災害簡單歸因於是原住民族「刀耕火種」的自然農法。但是，二十多年過去了，煙霾的問題還是無法解決，反而越來越嚴重。因此，我忍不住要問，真的是「刀耕火種」導致的嗎？近年來一些獨立研究的結果顯示，林火產生的原因更深層的原因是泥炭地（peatland）的過度開發的關係。

泥炭地不是一般的土地。從地理環境的形成來說，泥炭地是腐爛植物沉澱了一萬到四萬年之久的一片沼澤地，地底下堆積的植物和微生物，因為擠壓而產生化學作用，逐漸形成泥炭。印尼蘇門答臘和加里曼丹大部分土地即是泥炭地為主。泥炭地排水之後，形成的「土地」並不適合大型園丘種植業、例如棕櫚業等等。可惜，因為全球棕櫚油的需求量很高，價格很好。棕櫚果曾經一公斤的價格比黃金還高，因此被人稱為「黑金」。為了使用這些土地來種植棕櫚樹，因此許多跨國公司在當地選擇了最便宜的方式，即用火燒掉森林，然後開發土地。因為泥炭地本來就是易燃土地，因此一燒起來，火勢幾乎很難控制下來。

唯有自己正面對環境的直接威脅，人類才會去正視這個問題。

所以住在海邊的十八丁人，對於環境的變遷確實特別有感。首先就是漁獲量的大幅減少。「蝦越來越少，有時候撈起來的一半都是垃圾。」這是十八丁漁民告訴我們的。以後大家沒魚蝦可以吃，得要吃垃圾的警告，好像已經是事實了。現在出海因為漁獲量不足，連油錢都虧掉，所以很多漁民還會順手作回收，例如把撈起來的寶特瓶等可回收的資源收集起來，回到陸地上再賣給回收業者，不只是為了錢，卻也是為環保盡一份力。

二十年前，十八丁曾經是血蚶王國。這裡的河床很適合用來養殖血蚶，但是在一次不明原因血蚶大規模的死亡後，這個盛況已經不復存在。但在十八丁巷弄間，儘管不多了，還是找得到負責處理血蚶的漁獲行。我們就去過一間叫「南國海產」的漁獲行，因為老闆名字就是「南國」。在大門外有條輸送帶，正把一袋袋的白色麻布袋運上卡車。

血蚶在台灣很少見，趁著這次機會，名勛也對血蚶做了基本的認識：

「蚶就像人一樣，有的活不久，有的長命百歲。」說到蚶的生長，南國大哥若有省悟地說著。蚶的養殖，是十八丁的重點產業。原本如砂糖大的蚶苗，經過兩、三年時間，也能長成乒乓球般大顆。南國大哥說，蚶的生長和環境息息相關，蚶不會移動，總是蟄伏在泥土中，汲取養分，時而捕食浮游生物。離岸越遠，水質越鹹，蚶殼的棕色越深，肉質也偏鹹。彷彿同是華人的我們，語言也因成長背景的不同，而產生些許差異。

環顧蚶場四周，能看見沿著牆壁堆著一個個白色的麻布袋，同袋裡的蚶大小相近，分成大、中、小三類。和魚蝦秤重計價的方式不同，蚶是以袋計價的，一袋大約七十公斤。南國大哥說，二十年前的蚶場每天能賣出約一千兩百多包的蚶。而近年來，由於水質的改變，蚶的產量逐年減少，如今即便等到大潮，也只能撈回四百包的蚶，蚶價因此也水漲船高，一包蚶上看四百令吉（令吉即馬幣）。

文化保存的工作，其實跟環境的保護是息息相關的。很多傳統產業慢慢消失，除了科技的變化外，有時候也是赤裸裸的環境問題。而家鄉在野柳的鄧名勛也深深感受到十八丁面對的環境問題帶給血蚶的影響。但是，說是環境問題，到底是哪裡出了問題呢？名勛除了仔細描寫了南國大哥的血蚶業，也打破砂鍋問到底，想了解到底十八丁面臨什麼環境問題。

每當問到環境問題，其他漁民往往支支吾吾，南國大哥卻很清楚。「我們自己就是元兇，現在是自食其果。」陸上養殖業排放的廢水、砍伐紅樹林而削下的樹皮，以及隨手被丟進大海的居家垃圾所產生的化學物質，都是破壞蚶生長環境的罪魁禍首。在環境保護面前，每一個人都有責任！

南國大哥一邊整理著一包包裝滿蚶的袋子，一邊感嘆。養蚶的不確定性提高，大海已經不是二十年前漁民口中的金庫，撈蚶人想撈多少就有多少。很多人因為蚶的存活率太低而血本無歸，對養蚶不再有信心，開始改養紅魚、龍虎斑、紅糟魚等魚類。十八丁「蚶都」這個響亮的名號，似乎也不敵環境的破壞，被污染的水流漸漸沖淡。

漁民正在把血蚶放上岸。

血蚶曾經是十八丁的特產，可惜近年來產量已經越來越少。

居民用蚶殼布置院子，白白的遠看像小石子。

一直生活在都市的我，只能從臉書上閱讀一則則關於環保的新聞，從南北極的冰山溶解到熱帶雨林的盜伐，到海龜鼻子上的塑膠吸管，我看過卻彷彿從未正視過。直到我來到十八丁，親身體會，我才開始意識到環境的變遷正在影響人的生活。

十八丁有很多用蚶殼布置的住家，還可以遙想二十年前十八丁作為蚶都的光景，只怕這些景象都已成為歷史，只能用滿地的蚶殼，緬懷曾經的美好，提醒我們再不做些什麼努力，一切就來不及了。

「哇老闆，你知道的事情很多耶！」我們一整個下午跟著老闆聊天，天南地北什麼都聊。「當然囉，我在這裡念海洋大學的啊！」老闆一臉正經的說。「海洋大學？」我想起基隆的海洋大學。沒想到，十八丁也有！

「這裡就是我的海洋大學。」老闆用手指了指海面，我才了解他在說什麼。真希望每一個人都來這裡的海洋大學念一念，來上上課，或許回去之後，面對變遷中的環境就會有更好的做法了。

留守在家鄉的十八丁人

在十八丁能夠看到年輕人是一件很特別的事。因此，當我看到現任年輕的太平市議員王凌翠，跟著她當時的老闆蔡依霖州議員跑各種行程時，我對凌翠實在太好奇了！於是我請學生去跟凌翠聊聊天，他們都是年輕人，看看能不能從中激盪出一些火花。然而，當天的採訪可以說相當的克難。因為凌翠的工作很忙碌，要負責村民的民生問題，也要處理一些爭執事件，導致整場訪談只能倉促結束。還好，我們待在那兒的時間比較長，後來念人社系的智培也找到別的時間，完成訪談，寫出了她的觀察。

十八丁是凌翠出生、長大的地方，爸爸從事炭窯業。身為家中的老么，因此過得比較自由自在、不受拘束，更是家中唯一大學畢業的孩子。她大學畢業後，不去吉隆坡、新加坡工作，而是回到故鄉服務。「大學畢業後想回來為這個社區做一點什麼事，而且我的父母都還在這裡，所以也想回來陪陪他們。」我們在十八丁服務的三個暑假，凌翠都是主要接待我們的人。當時任十八丁州議員的蔡依霖在二〇一三年當選後，凌翠也就順其自然地開始了她的社區工作。

除了政治活動之外，蔡依霖和王凌翠也同時是社區組織「看見十八丁」的重要成員和推手，連同總策畫莊白祺攜手舉辦了許多親子營、研討會等等活動，希望讓社區動起來，讓十八丁的人看見自己家鄉的美好，進而認同這個社區。

「雖然辦活動很累人，但是我覺得很值得！」看著王凌翠穿梭在十八丁大街小巷中忙進忙出的身影，我時常能想起她說的這句話。因為她的默默付出，讓十八丁的人看見了生活、社區可以有更多的可能性，而她對十八丁的熱忱和認同也漸漸感染了越來越多的人。

在馬來西亞的社區服務了這麼多年，我體會到一件事，那就是：在一個地方做社區營造也好、地方創生也罷，最重要的還是要有「人」來推動。

像十八丁這樣的小地方，年輕人在中學畢業後，紛紛跑到大都市去討生活，相對地鄉下只剩下老人和小孩。當沒有工作機會、人口也越來越少時，有很多比較偏遠的鄉村就慢慢沒落。老房子沒人居住、年久失修，經濟和基礎建設的問題也接踵而來。任何地方都有獨特的歷史和文化，如果我們相信這一點，那麼當鄉村或一些偏遠地區沒落，就代表著某些地方歷史和文化又消失了。

但是，我在十八丁卻看到「人」。除了凌翠之外，還有另一個年輕人蔡漢倫，大家都叫他「阿倫」。在二〇一七年我第一次見到他時，他才十八歲。三年後，他已經可以獨當一面了。

王凌翠是現任十八丁市議員，也是土生土長的十八丁人。

蔡漢倫是現任新村發展官，也是道地十八丁人。

這裡的中學生，放學後或假日時都去打工賺錢，阿倫當然也不例外。在課業之餘，他喜歡兼職當十八丁出海旅遊的導遊，因為他能言善道，很容易與別人親近，於是就被「看見十八丁」這個社區組織拉過來幫忙。只要他有空，哪怕是再小的事情，只要一通電話，他一定會過來這裡幫忙，跑腿送東西、幫忙搬東西等等。爽朗的笑聲和大嗓門，讓「看見十八丁」的辦公室總是充滿歡笑。

可以感受得到，阿倫發自內心熱愛十八丁這個地方：「這裡的人情味，任何地方都無法取代。」他眼神堅定、表情認真地說著。也因為看到前輩白祺和州議員蔡依霖為這個地方所付出的努力，他認為自己身為十八丁的一份子，應該可以貢獻自己的一份力：「這個地方是我們自己的十八丁，白祺和依霖她們不是十八丁人卻也都為了社區做了這麼多了，我們能不做嗎？」

台灣在二〇一九年提出「地方創生」的政策，並視為是地方創生元年。目標在於「創造工作機會、減緩人口問題、提升生養後代的條件、為地方創造生機」。而地方創生這個概念源自日本，早在二〇一四年就已經公布並施行「地方創生法」，在日本很多地方都可以看到地方創生成功的案例。其中心思想就是「產業、地方、人」三位一體，共同來解決都市以外不斷衰退的產業和地方，希望透過產業的提升，讓青年人口逐步回流，藉此平衡城鄉發展不均的問題。

地方創生和社區營造，這兩個政策有什麼不同呢？這兩者最主要的共通點是來自民間的意識和力量。但地方創生更具體的方向在於產業提升，而且是以引導企業投資鄉鎮為發展的主力。雖然日本有成功的案例，而台灣也才剛起步，但我們已經看到馬來西亞的一些華人社區、文創團體也開始在討論「地方創生在馬來西亞的可能性」，甚至很多地方已在實踐了。

如果說這是一個政府、社區和人都缺一不可的政策，我覺得最重要的，還是要先問一個問題：社區裡的人在哪裡？他們準備好了嗎？在十八丁，的確讓我看到很多的可能性。

在不同的地方服務過之後，我也發現，無論社區營造，還是地方創生，都根源自人們對一個地方的愛。從凌翠和阿倫身上，我就看到他們對十八丁滿滿的「愛」。就是這股對家鄉的「愛」，讓年輕人願意留下來；對父母的「愛」，讓年輕人願意在家鄉打拚；對社區鄰里的「愛」，讓年輕人內心有了依靠。

每一個人，都有故鄉。真希望每一個人內心的故鄉，永遠都在。要故鄉永遠都在，那我們每一個人都有責任把故鄉保存下來。

台灣的學生志工為小朋友
說繪本故事，說完故事還
會做一些手工創意活動。

小朋友天真無邪的臉孔、
認真的眼神是我們的動力。

我們在太平市的太平湖雨樹步道旁講故事。

越過南關：十八丁的越南世界

「有一些事情，就是要花時間下去，才能有機會理解。」

從來沒有想過，我在十八丁竟然也有機會認識越南媽媽。但是，這也是在我們第三年的服務時，才真正認識她。在那之前，這些越南籍的配偶早就已經深耕十八丁了。只是，我們都沒「看見」。

台灣的國際志工服務，近十幾年來，變得越來越熱門。除了大學有志工團隊外，還有一些民間團體，組成醫療、資訊、公共衛生等為主的志工服務，到世界各地服務。也因為多了很多這樣的服務隊，大家開始反思國際志工的功能和可能為當地帶來的「災害」。

通常，執行服務的人，一定要非常清楚，服務地點的需求是什麼。最好的狀態就是「我們提供的服務，是對方需要的」。單就這一點，就需要相當多的溝通、討論、協調或妥協。因為這過程中包含了不同文化、不同領域與專業的互動。除了需求面是一定要特別重視外，另一點我個人覺得就是「時間」。

在當地的服務時間越長，越能夠擺脫「旅遊式的服務」的陰影。對清大的志工團來說，無論是去貝里斯、肯亞、坦桑尼亞或是我們去馬來西亞，最少都是一個月，有時候甚至一個半月。當然，這對國際援助或國際志工服務來說，並不算特別長。尤其是很多聯合國相關的國際組織，都是以年來計算的。不過，由於我們是大學的團隊，為考量課業和課外活動之間的平衡，我們也只能透過暑假來服務。實際操作和實踐之後，我也覺得一個月的時間算剛好的了。因為在這一個月的時間，在一個地方長期蹲點，我們得以深度認識這個地方，和這裡的人交朋友。

然而，儘管這樣，還是有些事情無法在那一個月內全部都接收，很多時候，是回到台灣之後，再反省、檢討，才得以重新理解。就像我們在十八丁遇見的越南媽媽一樣。在前兩個暑假，我們也許有擦身而過，但就是沒有更進一步的交流。直到第三年的暑假，「看見十八丁」組織的總策畫莊白祺建議我們，或許可以拍一部關於十八丁越南媽媽的紀錄片，我們才有機會認識她們。

不像台灣，越南女性嫁到十八丁的家庭來，並非透過有規模的婚姻仲介公司。據姊妹們的回想，似乎是姊妹互相介紹之下，一個接著一個陸續嫁過來。而跟台灣的情況類似，她們結婚的對象，通常是經濟上和社會階級上相對比較弱勢的男性，例如漁夫、工人等等。

「剛來的時候，我想要吃『米線』，但是我不知道要怎麼說。」這麼卑微的需求，只是一個在故鄉常吃的食物，但換了一個地方，不僅人生地不熟，語言還完全不通，只能咬著牙從頭開始學起。這個經歷，似乎是共通的。我在十幾年前在台灣念大學時，課餘時間到餐廳裡打工，廚房裡就有一位因婚姻仲介而嫁到台灣的越南女孩。當時她才二十歲，跟我剛好同齡。我印象非常深刻，我們有時候在廚房裡聊天，她述說她的家庭生活、如何適應台灣的生活、如何學習國字和台語；而我跟她分享我上的課。我們同齡、同為離鄉背井的女孩，但卻有著迥然不同的命運。

當時，是一個台灣社會對東南亞來的外籍配偶還稱為「外籍新娘」的年代。外籍配偶彷彿是一個見不得人的族群，隱身在美甲店、餐廳廚房裡，默默地工作、生養小孩，更多人默默承受著丈夫的暴力相向，或是夫家不友善，甚至不人道的對待。太多的悲歌，以致於台灣社會有人開始為這些女性挺身而出。爭取身分證、社會福利、教育機會等等，提供各種教育管道，協助外籍配偶認識並融入台灣社會。近年來，不少社會組織更是倡議外籍配偶是新台灣人的母親，除了善待她們，更應該認識和理解她們的文化。於是，「學習媽媽的母語」成了二〇一九年開始實施的課程計畫，例入國小的正規課程，可以選擇學習東南亞語言，開啟認識多元文化的一大步。

台灣從以前帶有歧視性政策，到現在讓母語走進校園，差不多走了二十多年的路。這是民間團體和外籍姊妹們共同的努力。

但是在馬來西亞，散落在各地的外籍配偶顯然還沒有組織起任何的力量。來自越南、在茶餐室做生意賣飲料的金對姐有兩個女兒。平時放學後，姐妹倆就在茶餐室裡找個空位坐下來寫功課。客人多生意忙碌時，就協助爸媽送飲料給客人。金對姐一開始語言完全不通，現在已經可以和客人用中文、福建話對答如流，實在讓人敬佩。

這一天，學生和越南媽媽聚集在十八丁社區圖書館，我們辦了越南美食分享會，邀請了十八丁幾位比較活躍的越南媽媽，帶著拿手的越南料理過來，和我們一起分享。看著她們熟練地夾起生菜，將牛肉和蝦子包裹起來、淋上些許魚露，一口送進嘴巴裡，臉上堆滿了滿足的笑容。然而，請她們聊一聊剛到十八丁時的情形，幾乎所有人臉色又沉下來，幾位姊妹還紅了眼眶。

在台灣接觸新住民姊妹的經驗，讓我知道，有時候請她們回憶過去艱苦的時刻，是很殘忍的。可是，如果不了解她們的狀況，我們也無從出手協助她們。這次交流的結果讓我們發現，她們目前最需要的就是一張「永久居留證」，在馬來西亞稱之為「紅登記」。馬來西亞公民的身分證是藍色的，稱之為「藍登記」。按照規定，外籍配偶必須先申請一年更新一次的依親居留證，五年後便可以申請永久居留證。可是，很多在這裡的越南姊妹已經超過十年了，「紅登記」還是遙遙無期。

「沒有『紅登記』，我們不能工作，也不能在銀行開戶，很麻煩。」金對姐大聲地跟我們說。紅登記不只是身分和居留問題而已，還有工作權和經濟自主權的問題。等了十幾年還

剛從越南嫁過來，一句華語都不會說，新生活適應了好久才漸漸習慣。

只要問起越南姊妹的辛酸史，每一個人幾乎馬上紅了眼眶。

還要當外籍配偶多久？越南女性在馬來西亞各地都仍然面對類似的困境。

金對姊的兩個女兒會教她馬來語，現在簡單生活馬來語已經難不倒她了。

等不到的紅登記，幾乎可以說剝奪了她們維持基本生活的一切。

全球化浪潮下的女性移民，從她們的身影，我總是看到堅毅、勇氣和韌性。為了自己的原鄉、為了自己的小家庭不斷地奮鬥著、掙扎著。我想起我所遇過的所有新移民女性，不禁偷偷地在內心為她們鼓掌喝采！希望我能為她們多做一些什麼，先從我們的學生志工王函憶所拍的紀錄片《越過南關》開始吧！希望她們的心聲能夠被聽見！

我們在馬來西亞當志工

台灣大學生走入多元文化、看見自己的服務旅程

作者　王麗蘭
主編　劉偉嘉
校對　魏秋綢
排版　謝宜欣
封面　萬勝安
社長　郭重興
發行人兼出版總監　曾大福
出版　真文化／遠足文化事業股份有限公司
發行　遠足文化事業股份有限公司
地址　231 新北市新店區民權路 108 之 2 號 9 樓
電話　02-22181417
傳真　02-22181009
Email　service@bookrep.com.tw
郵撥帳號　19504465 遠足文化事業股份有限公司
客服專線　0800221029
法律顧問　華陽國際專利商標事務所　蘇文生律師
印刷　成陽印刷股份有限公司
初版　2020 年 1 月
定價　380 元
ISBN　978-986-98588-0-9

歡迎團體訂購，另有優惠，請洽業務部 (02)22181-1417 分機 1124、1135

國家圖書館出版品預行編目 (CIP) 資料

我們在馬來西亞當志工 : 台灣大學生走入多元文化、看見自己的服務旅程／王麗蘭著
-- 初版 . -- 新北市：真文化，遠足文化，2020.01
面；公分 --（認真生活；6）
ISBN 978-986-98588-0-9（平裝）
1. 志工 2. 社會服務 3. 馬來西亞
547.16　108021485